미래의 부자인 _____ 님을 위해

이 책을 드립니다.

황소의 뿔에
올라탄 개미
투자법

황소의 뿔에 올라탄 개미 투자법

초판 1쇄 인쇄 | 2022년 1월 20일
초판 1쇄 발행 | 2022년 1월 27일

지은이 | 필스브릿지
펴낸이 | 박영욱
펴낸곳 | 북오션

경영지원 | 서정희
편 집 | 권기우
마케팅 | 최석진
디자인 | 민영선·임진형
SNS 마케팅 | 박현빈·박가빈
유튜브 마케팅 | 정지은

주 소 | 서울시 마포구 월드컵로 14길 62 북오션빌딩
이메일 | bookocean@naver.com
네이버포스트 | post.naver.com/bookocean
페이스북 | facebook.com/bookocean.book
인스타그램 | instagram.com/bookocean777
유튜브 | 쏠쏠TV·쏠쏠라이프TV
전 화 | 편집문의: 02-325-9172   영업문의: 02-322-6709
팩 스 | 02-3143-3964

출판신고번호 | 제2007-000197호

ISBN 978-89-6799-660-4 (03320)

파이어족을 꿈꾸는 월급쟁이를 위한

황소의 뿔에 올라탄 개미 투자법

필스브릿지 지음

북오션

　나는 현재 경제적 자유를 누리고 있다. 그리 부자도 아니고 대단하지도 않지만, 적어도 생활비 고민에서 자유롭고 노동으로부터 해방된 일상을 즐기고 있다. 그렇게 살기를 원했고, 그렇게 되기 위해 '투자'를 했기 때문이다. 내 주변에 투자를 통해 경제적 자유를 누리고 싶은 사람은 많으나 실제로 그 방향으로 움직이고 있는 사람은 거의 보지 못했다. 그 이유와 해결 방법에 대한 내 생각을 이 책에 담았다. 정답을 제시하려는 것은 아니다. 정답은 알지도 못한다. 다만 나의 결론이 경제적 자유를 원하는 많은 사람에게 어떠한 단서를 제공할 수 있기를 바란다.

　나는 전문 투자자가 아니다. 비교적 긴 시간 동안 직업 군인과 사회 초년생으로 평범한 직장인 생활을 했다. 주변의 많은 사람과 마찬가지로 시류에 따라 주식과 부동산을 전전하며 투자했다. 그런데 어느 순간 뭔가 잘못되고 있음을 느꼈다. 분명히 돈을 벌기 위해 투자를 하고 있는데, 계좌의 잔고가 늘어나고 있지 않았기 때문이다. 그리고 각종 투자서에서 주식과 부동산의 전문가나 대가들이 말하는 투자와 내가 하고 있던 투자는 아주 달랐기 때문이다.

　나와 같은 규모가 작은 일반인도 책에서 말하는 대로 따라 하면 부자가 될 수 있을까? 경제적 자유를 얻을 수 있을까? 나의 가장 큰 의문이었다. 결론부터 말하자면 가능하다. 그러나 어렵다. 내용을 이해하기도 어렵고, 따라하기도 어렵다. 무엇보다 이해를 현실에 맞게 적용하여 실천하기가 너무나 어렵다. 그래서 나에게 맞는, 내가 할 수 있는 명쾌한 기준과 방법 그리고 시스템이 필요하다.

내가 경제적 자유를 얻기 위해 선택한 방법은 투자였다. 일반인으로서 할 수 있는 대표적인 투자는 부동산, 주식 그리고 금과 은이다. 그중에서 금과 은은 보조적인 수단으로 생각했기 때문에 나는 부동산과 주식에 집중했다. 부동산은 매우 직관적이기 때문에 투자가 어렵지 않았지만, 주식은 부동산과 달리 변수가 너무 많아서 어렵게 느껴졌다. 하지만 어렵다고 해서 주식을 투자 대상에서 제외하고 싶지는 않았다. 오랜 시간 주식 투자에 대해 깊이 고민하면서 어느 순간 부동산이든 주식이든 다 똑같은 투자라는 것을 깨달았다. 투자는 투자다. 주식이든 부동산이든 결국 투자다. 투자의 본질에서부터 시작하면 주식 투자도 그리 어렵지 않다. 이 책은 내가 깨달은 투자의 본질을 다루며, 그로부터 파생된 나의 주식 투자 방법을 소개한다.

나는 가치 투자를 추구한다. 내가 아는 대부분의 주식 투자자는 가치 투자를 선호하고 가치 투자가 바람직한 방법이라고 말한다. 그러나 현실적으로 가치 투자를 하는 사람들은 그리 많지 않다. 스스로 가치 투자를 한다고 믿고 있는 사람들조차 사실은 가치 투자를 하기는커녕 가치 투자의 의미조차 모르고 있는 경우를 많이 보았다. 예를 들어 삼성전자 주식을 사서 오래 보유하기만 하면 그것이 곧 가치 투자라고 믿는 식이다. 한때는 나도 마찬가지였다. 그저 대형 우량주에 투자하고 기다리기만 하는 것이 가치 투자라고 쉽게 생각했다. 주변에서 그럴듯한 이유를 근거로 좋다고 알려주는 대기업의 주식이나 성장 가능성이 있다고 호재성 뉴스가 나오는 주식에 투자하고서 가치 투자를 하고 있다고 믿었다. 하지만 지금 돌이켜보면 대형주와 우량주의 차이도 정확하게 알지 못했기에 투자했던 주식이 대형주였지만 우량주는 아닌 경우도 많았다.

이 책을 통해 나는 일반 투자자가 제대로 가치 투자를 할 수 있도록 돕고 싶다. 세상에는 수많은 가치 투자 관련 책이 있다. 블로그나 유튜브를 통해서도 가치 투자를 배울 수 있다. 그러한 책이나 콘텐츠는 대부분 전문 투자자나 전업 투자자의 철학과 방법 또는 기법을 담고 있다. 그래서 기본적인 지식 수준과 눈높이가 높거나 일반 투자자와 접근 방법이 다르다. 그 결과 일반 투자자 입장에서 무언가를 배울 수는 있으나 실제 투자에 적용하기가 쉽지 않다. 나는 전문가들의 가르침을 바탕으로 실제로 쓸 수 있는 나만의 가치 투자 방법을 만들었다. 이 책을 통해 그 방법과 근간에 깔린 투자 철학을 설명하려고 한다.

성공적인 투자를 위해서는 반드시 자신만의 철학을 정립해야 한다. 그리고 자신만의 방법으로 최대한 시스템에 따라 투자해야 한다. 남들이 하는 대로 따라 해서는 절대로 성공할 수 없다. 사람마다 상황과 환경 그리고 성향이 달라서 남이 하는 방법이 나에게 완벽하게 맞을 수 없기 때문이다. 이

책에서는 나의 투자 철학을 설명하고 그 철학을 실제 투
자에 적용하는 구체적인 원리와 이를 통해 만든 투자 시스템을 소개한다.
이를 참고해서 최대한 많은 사람이 자신의 길을 개척하고 성공적인 투자자
가 될 수 있게 되기를 희망한다.

　　마지막으로, chapter 1에 분류한 '나만의 투자철학'은 주식 투자에 국한
되지 않은 투자, 경제활동, 나아가 인생 전반에서 활용할 수 있는 나의 핵
심 철학의 일부이다. 첫 머리에 수록한 가장 기초가 되는 철학은, 이 책의
주제인 주식 투자보다 오히려 더 큰 가치를 담고 있다고 자신한다. chapter
1을 읽고 충분히 고찰한 후 다음으로 넘어가기를 강력히 권장한다. 내 능
력의 한계로 인해 내용을 더 쉽고 빠르게 이해할 수 있도록 친절하게 설명
하지 못한 점에 대해 미리 양해를 구한다.

목
차

chapter 1. 나만의 투자 철학

chapter 2. 주식 투자에 대한 생각

chapter 3. 투자 종목 리스트 만들기

chapter 4. 적정 주가 계산하기

chapter 5. 매매하기

chapter 6. 시나리오

부록. 나만의 시스템 만들기

간혹 일을 그만두고 투자만 하면서 살고 싶다는 사람들이 있다. 다시 말해 전업 투자자가 되고 싶다는 것이다. 그런데 전업 투자자의 투자는 본질적으로 투자가 아닌 '일'이다. 전업이라는 말은 일한다는 뜻이기 때문이다. 즉, 투자를 일로 한다는 의미다. 따라서 전업 투자자가 된다는 말은 일을 그만두는 것이 아니고 일의 종류를 바꾼다는 의미다.

나만의 투자 철학

세계관

　'세계관'은 영화, 소설, 게임, 만화 등에 자주 등장하는 용어다. 어떤 작품 내에서 진행되는 모든 사건은 그 작품만의 세계관을 따른다. 이때 세계관은 최대한 현실 세계를 그대로 반영한 현실적인 세계관도 있고 판타지 세계와 같이 작가가 창조해낸 가상의 세계관도 있다. 이러한 세계관이 현실적이든 가상이든 그 작가만의 세계관이며 그에 따라 실제 역사적 사건이나 사람들 간의 관계 등이 다르게 해석된다. 예를 들어 인간의 본성에 대해 선한 세계관을 가진 작가와 악한 세계관을 가진 작가는 동일한 소재로 스토리를 풀어가더라도 진행되는 방향이나 결과가 완전히 다르게 그려질 것이다. 우리는 어떤 작품을 즐길 때 점점 그 작품이 담고 있는 세계관에 대한 이해가 깊어지고 동화된다. 그 결과 사건의 인과관계를 이해하게 되고 앞으로의 흐름을 예상하거나 기대하면서 즐길 수 있게 된다.

사람은 모두 저마다의 세계관을 가지고 있다. 각자의 세계관 안에서도 영역이 나누어지는데, 대부분의 사람이 거의 동일하게 갖는 공통적인 영역도 있고 지식과 경험에 따라 매우 주관적인 형태로 갖는 영역도 있다. 자연법칙이나 숫자와 같이 눈으로 보고 체험할 수 있는 자연성에 가까울수록 공통적인 영역의 세계관이 되고, 종교나 인간관계같이 상상력이 많이 포함될수록 주관적인 영역의 세계관이 된다.

내가 어떤 행동이나 결정을 할 때 스스로 특별히 인식하지 않는다고 하더라도 반드시 나의 세계관이 반영된다. 즉, 나의 세계관이 내 인생의 방향을 이끄는 것이다. 당연히 더 넓고 좋은 세계관을 가질수록 인생은 더 좋은 방향으로 움직이게 될 것이다. 그러나 내가 어떠한 세계관을 가지고 있는지 제대로 인식하지 못하고 있다면 나의 세계관을 더 좋게 다듬고 확장하기 어렵다. 그 결과 내 인생은 더 좋은 방향으로 나아가지 못하고 제자리걸음을 하게 되는 것이다. 그래서 지금 나는 어떤 세계관을 가졌는지를 생각하고 인식할 필요가 있다. 그래야만 내 세계관에 따라 어떤 판단을 했는데 만약 그 결과가 좋지 않았다면 그를 통해 새로운 깨달음을 얻고 세계관을 발전시킬 수 있다.

'나는 이 세상을 어떻게 바라보고 있을까?' 스스로 이런 질문을 던지는 것은 매우 중요하다. 세계관은 이 세상을 바라보는 관점이다. 이때 '본다'는 것은 '알게 된다'는 것이다. 세계관을 발전시키는 것은 세상을 바라보는 관점을 발전시키는 것이고 세상을 점점 더 잘 알게 되는 것이다. 따라서 세계관을 발전시키는 것은 곧 이 세상에 대한 '철학'을 하는 것이다. 결과적으로 우리의 인생을 더 좋은 방향으로 발전시키기 위해서는 반드시 철학이 필요하다.

어떤 사람들은 자신의 행동이나 말에 확신이 가득 차 있다. 그리고 자신의 예상이나 예측을 확신한다. 이런 부류의 사람들이 대체로 점점 더 잘산다. 자신만의 뚜렷한 주관과 기준을 가지고 있기 때문인데, 다시 말해 자신의 세계관을 잘 인식하고 있다는 의미이다. 그렇기 때문에 맞든 틀리든 확신을 가지고 거침없이 실행할 수 있고, 그에 따라 많은 실패와 성공을 경험하면서 점점 더 자신의 세계관을 발전시킬 가능성이 높다. 그래서 점점 더 잘살 수 있는 것이다. 고대 철학자이자 최초의 철학자로 불리는 탈레스는 세상을 구성하는 물질의 근원은 물이라고 했다. 현재의 시각에서 보면 말도 안 되는 주장이지만 그만큼 자신의 세계관을 잘 인식하고 확신을 가지며 철학을 했기 때문에 최초의 철학자로 불린다.

하지만 완벽한 세계관이란 존재하지 않는다. 아무리 발전시켜도 한 사람의 세계관이 완벽해질 수는 없다. 이 세상은 너무나 광활해서 모든 것을 완벽히 이해하기란 불가능하다. 과학 이론이 계속 발전되고 새로운 법칙이 발견되며 사회의 법이나 규정이 변경되고 가다듬어지는 이유는 그 누구도 이 세상의 모든 것을 완벽하게 알지 못하기 때문이다. 그래서 우리는 그저 쓸 만한 세계관을 가지는 것에 집중할 필요가 있다. 쓸 만한 세계관이란 자신의 인생에서 중요하다고 생각하는 몇몇 영역에서 대체로 올바른 방향으로 작동하는 세계관이다. 중요한 점은 자신의 세계관을 잘 인식하고 확신을 가지는 것이다. 그래야 그 세계관을 점점 더 쓸 만하고 잘 작동하는 방향으로 개선하고 발전시킬 수 있다.

세계관은 오랜 시간의 다양한 배움과 경험 그리고 사유에 의해 형성되고 다듬어진다. 다시 말해 철학으로 세계관을 발전시키는 것이다. 눈과 귀와 마음을 열고 최대한 다양한 지식을 습득하고 생각하고 경험하면 점점 더 견고한 세계관을 정립할 수 있을 것이다. 이 책은 세상과 인생에 대한 나의 철학, 나의 세계관을 담고 있다. 나의 세계관은 당연히 완벽하지 않지만, 이 책을 풀어내는 데 사용된 영역에 대해서는 대체로 잘 작동하는 쓸 만한 세계관임을 확신한다. 이 책이 모든 독자에게 자신만의 세계관을 더욱 견고하게 잘 작동하도록 발전시키는 데 참고할 만한 재료로 쓰일 수 있기를 바란다.

가치와 가격에 대하여

가치에 대한 고찰

가치는 감동을 만드는 힘, 즉 '사람의 마음을 긍정적인 방향으로 움직이는 힘'이다. 우리가 어떤 물건을 산다고 했을 때, 그 물건을 사는 이유는 대개 필요하거나 좋다고 느끼기 때문이다. 먼저 필요한 경우는 대부분 편의를 위해서 또는 부족함을 채우기 위해서다. 편의를 느끼는 것은 불편한 상태에서 편리한 상태로 바뀌어 마음이 긍정적인 방향으로 움직이는 것이고, 부족함을 채우는 것은 곧 결핍 상태에서 만족 상태로 바뀌어 역시 마음이 긍정적인 방향으로 움직이는 것이다. 두 번째로, 좋다고 느끼는 경우는 사치품을 생각하면 이해하기 쉽다. 사치품을 사면 그를 통해 허영심을 채우거나 자신감을 얻거나 만족감을 느끼는 식으로 역시 마음이 긍정적인 방향으로 움직인다. 따라서 어떤 물건을 사는 이유는 그 물건을 소유함으로써 가치를 얻기 위함이며, 그 가치가 우리의 마음을 긍정적인 방향으로 움직이기 때문이다.

TV나 영화를 보는 경우도 마찬가지다. 시간을 소모하면서 TV나 영화를 보는 이유는 즐거움을 얻거나 정신적 휴식을 얻기 위해서일 것이다. 이는 마음이 긍정적인 방향으로 움직인다는 뜻이며 TV나 영화가 가치를 준다는 의미다. 또 다른 예로 연애나 육아도 똑같다. 연애나 육아를 기쁜 마음으로 하는 이유도 상대방이 나에게 가치를 주어 내 마음이 긍정적인 방향으로 움직이기 때문이다.

가치란 감동을 만드는 힘이며 항상 기쁨, 쾌락, 즐거움, 만족, 평안 등의 긍정적인 성질과 관련 있다. 여기서 이런 생각을 할 수도 있을 것이다. '그러면 마약도 가치가 있는 것인가? 마약도 쾌락을 주지 않는가?' 그런데 아니다. 마약이 주는 쾌락은 일시적인 쾌락일 뿐 궁극적으로 괴로움을 주고 심하게는 죽음에 이르게 한다. 따라서 마약이 주는 쾌락은 가짜 쾌락, 눈속임 쾌락이라고 할 수 있다. 마약은 선이 아닌 악이며, 가치가 없다. 가치는 항상 사람의 마음을 긍정적인 방향으로 움직이게 한다. 가치는 그 자체로 곧 선이나 미덕이다.

가치의 구성

가치는 질료와 상상력으로 구성된다. 우선 질료와 상상력 각각에 대해 생각해보자.

질료

질료에는 물, 불, 공기, 흙, 금속 등의 원소적 요소와 시간, 공간, 영혼 등 실체를 보거나 만질 수 없으나 육감으로 느낄 수 있는 형이상학적 요소가 있다.

평소에 잘 인식하지는 않지만 매 순간 질료는 사람에게 가치를 준다. 공기가 맑은 곳에 가면 머리가 맑아지고 갈증을 느낄 때 물을 마시면 활력이 생긴다. 시간과 공간은 많을수록 정신적 육체적 편안함을 느끼게 되고 아름다운 영혼을 가진 사람을 보면 기분이 좋아진다. 모두 질료가 가치를 제공했기 때문에 마음이 긍정적인 방향으로 움직인 것이다. 금속은 조금 특별할 수도 있는데, 특히 금과 은은 그 자체로 보는 사람의 기분을 좋게 만들어 주거나 용기를 갖게 해주는 식으로 마음을 긍정적으로 움직이게 한다. 특별한 기능적 역할을 하지 않는데도 금과 은이 인류 역사상 변함없이 화폐로 통용된 이유는 금속이 갖는 가치 때문이다.

상상력

상상력은 사람이 만들어낸 가치의 원천이다. 예를 들어 어떤 가치 있는 발명품을 만들기 위해서는 창의력이 필요하며 그 창의력은 상상력 발휘에서부터 시작된다.

상상력이 만드는 가치는 범주가 상당히 넓다. 작게는 다른 사람에게 인사를 하거나 감사의 표현을 하는 말 한마디도 상상력으로부터 시작되며 가치를 담고 있다. 그 자체로 상대방의 기분이 좋아지기 때문이다. 보통은 습관적으로 인사나 감사 표현을 하지만 그 원천은 상상력으로부터 나온다. 그렇게 했을 때 상대방의 기분이 좋아질 것이라는 상상이나 내 마음을 이렇게 표현해서 전달하겠다는 상상에서부터 시작되는 것이다. 사람들이 모여 국가를 이루고 법을 만들고 정부를 조직하는 것도 상상력으로 만들어지며, 그러한 시스템은 사람에게 삶의 안정성을 제공하는 가치를 담는다. 경제나 금융 시스템, 화폐 제도, 회사의 설립, 상품이나 서비스 등 우리의 생활 전반에 걸쳐 상상력의 산물이 아닌 것이 거의 없으며 이들은 모두 저마다의 가치를 담고 있다. 결국 사람의 상상력으로 가치를 만들어낸 것이다.

가치를 최소 단위로 분류하면 질료의 가치와 상상력의 가치로 나뉘는데, 우리가 일상적으로 체감하는 대부분의 가치는 순수 질료나 상상력 가치보다는 둘의 결합으로 이루어져 있다. 이해를 돕기 위해 예를 들어보자. 오래전 어느 시점에 인류는 금속을 발견했다. 그중 한 사람이 상상력을 발휘해서 금속을 가공하여 끝이 뾰족한 긴 막대 모양인 못을 만들었다. 그렇게 만들어진 못으로 건축을 하거나 가구를 만드는 데 사용했다. 여기서 못은 결국 어떤 용도로 사용되며 가치를 제공하는데, 이 못은 순수한 금속 질료의 가치와 사람의 순수한 상상력 가치가 결합된 결과물이다. 또 다른 예시로, 어떤 사람들은 질료와 상상력의 결합인 볼트, 너트, 실린더, 피스톤, 하우징 등에 상상력을 더해 엔진을 만들었다. 그리고 한 번 더 상상력을 투입해 비슷한 과정으로 만들어진 다른 가치의 결합물들과 결합하여 최종 결과물인 자동차를 만들었다. 자동차는 분명히 사람들에게 가치를 제공한다. 그 가치 덩어리를 반대로 계속해서 분리하면 결국 순수한 질료 가치와 순수한 상상력 가치가 남게 된다. 여기서 한 가지 강조하고 싶은 점이 있다. 어떤 가치를 바라볼 때 질료의 가치와 상상력의 가치를 분리해서 생각하고 그 비율을 가늠하는 습관을 가지는 것이다. 가치를 분리하고 질료와 상상력의 비율을 정확하게 측정하는 능력은 일이나 투자 활동에서 아주 유용하게 쓰인다.

가치의 특성

가치는 교환된다

사람들 간에 일방적인 가치의 제공은 없다. 가치는 주고받는 것이다. 가치를 주면 받게 되고 받으면 주게 된다. 회사에서 일하면 월급을 받는다. 일은 근로자가 회사에 가치를 주는 것이고, 월급은 회사에서 근로자의 일에 상응하는 가치를 돈에 담아 되돌려주는 것이다. 기업이 좋은 제품을 많이 팔면 큰돈을 번다. 좋은 제품을 많이 파는 것은 그만큼 많은 사람에게 큰 가치를 주는 것이고, 구매자들은 그에 상응하는 가치를 돈에 담아 되돌려주는 것이다. 또 다른 예로, 누군가에게 선물을 주어 그 사람이 감동을 하면 반드시 감사함을 표현한다. 이 또한 가치의 교환이다.

가치는 평가에 따라 전달되는 크기가 달라진다

가치는 받는 사람의 마음이 얼마나 크게 움직이는지에 따라 크기가 다르다. 똑같은 가치에 대해서도 받아들이는 사람에 따라 크기가 결정된다. 물이 가진 고유의 가치는 정해져 있지만 심각한 갈증을 느끼는 사람에게는 엄청난 크기의 가치가 있고 물에 빠져 익사하기 직전인 사람에게는 전혀 가치가 없는 재앙일 뿐이다. 특정 시점에서 한 사람이 제공할 수 있는 가치는 정해져 있는데 회사마다 다른 연봉을 제시하는 이유는 회사에서 받을 수 있는 가치를 다르게 평가하기 때문이다.

질료의 가치는 영원하고 상상력의 가치는 감가상각된다

자연이 만든 가치, 즉 질료의 가치는 영원하다. 공기, 물, 불, 흙은 언제나 동일한 가치를 가지고 있다. 금은 금이다. 결코 가치가 늘어나지도 줄어들지도 않는다. 다만 사람마다 그 가치를 다르게 받아들일 뿐이다. 반면 사람이 만든 가치, 즉 상상력의 가치는 시간의 흐름에 따라 점점 가치를 잃는다. 연인에게 오늘 사랑한다는 말로 준 가치는 영원할 수 없다. 아무리 좋은 발명품도 시간이 지나면 점점 가치를 잃는다. 질료와 상상력의 결합으로 만들어진 자동차의 가치는 오랜 시간이 지나면 결국 고철로서 질료의 가치만 남게 된다.

예외적으로 사람이 만든 가치가 감가상각되지 않는 경우가 있는데, 상상력이 질료화되는 예술작품 같은 경우다. 예술작품은 100%에 가까운 상상력 가치와 극소량의 질료 가치가 결합되어 만들어진다. 그러나 그 완성품은 질료화되어 원본이 보존되는 한 영원히 그 가치를 유지한다.

서로 다른 상상력 가치가 결합될수록 더 큰 가치로 만들 수 있다

단순한 구리 덩어리에 상상력을 더해 전선을 만들면 전체 가치는 질료와 상상력의 합이다. 여기서 만약 다른 질료와 함께 상상력을 점점 더해, 예를 들어 모터로 만들면 그에 따라 가치는 더 커진다. 서로 다른 가치들이 더 정교하고 복잡하게 결합될수록 가치는 기하급수적으로 늘어난다. 자동차, 컴퓨터, 스마트폰 같은 완성품이 작은 단위의 부품 가격의 단순합보다 훨씬 더 비싼 이유다. 또 다른 예로, 어느 지역에 지하철역이 새로 생기고 대형 마트나 병원이 들어서는 등 점점 더 상상력의 가치가 더해지면 그 지역의 부동산 가치는 폭발적으로 커진다. 주식도 마찬가지다. 철강, 중공업 같은 전통산업 관련 주식보다 더 많은 상상력들이 결합된 IT 관련 주식의 상승 폭이 훨씬 크다.

가치에는 중력이 있고 주기가 생긴다

큰 가치일수록 다른 가치를 끌어들여 점점 더 큰 가치의 덩어리가 된다. 좋은 땅에는 많은 사람이 모여들어 각자의 상상력을 발휘한다. 그 상상력들이 모여 점점 더 큰 가치를 형성한다. 그래서 공기가 좋고 물이 많고 햇빛이 잘 들며 단단한 지반을 가진 좋은 땅일수록 대도시가 되고, 덜 좋은 땅일수록 소도시가 되거나 도시가 되지 못한다.

한편 가치에는 중력이 있기 때문에 주기가 발생한다. 큰 가치는 중력에 의해 점점 더 큰 가치의 덩어리가 되지만 그 과정에서 필연적으로 불순물 또한 추가된다. 맑은 물과 공기 때문에 점점 더 많은 사람이 모이지만 그렇게 될수록 오염도 심해진다. 그리고 어느 임계점을 넘어서면 그 땅은 더 이상 사람들이 살기에 좋지 않은 땅으로 변하며 모였던 사람들은 떠나게 된다. 이런 식으로 점점 커지던 가치는 다시 작아지는 주기가 발생한다. 영원한 부자도 없고 영원한 1등도 없는 이유와 같다.

가치를 담는 그릇

가치가 가치로서 역할을 하기 위해서는 반드시 그 가치를 담는 그릇이 필요하다. 질료는 그 자체로 가치를 담는 그릇이다. 인사나 감사 표현을 담는 그릇은 언어다. 국가나 정부 시스템 또한 무형의 그릇이며 기업체나 상품 등도 그릇이다. 그리고 가치의 전달을 용이하게 하기 위해서 일반적으로 화폐라는 그릇을 사용한다.

가치를 담는 그릇은 다른 말로 자산이라고 한다. 가치가 저장되어 있는 자산을 많이 가진 사람은 그만큼 더 많은 가치를 가지고 있는 것이고 그러한 사람들을 흔히 부자라고 부른다. 그래서 부자가 되기 위해 사람들은 많은 자산을 소유하려 애쓴다. 집을 소유하고 기업이나 주식을 소유하며 금을 소유하는 등의 방법으로 많은 가치를 소유하여 부자가 된다.

자산은 가치를 담고 저장하며 보존하는 기능을 한다. 그러한 기능을 잘 수행하는 자산은 좋은 자산이며, 그렇지 않은 자산은 안 좋은 자산이다.

여기서 좋은 자산은 크게 두 가지 종류로 나눌 수 있다.

첫째, 가치를 완벽하게 보존하는 자산이다. 대표적으로 금과 은이 있다. 금과 은은 순수한 질료의 가치만을 담으며, 그렇기 때문에 가치가 영원히 보존된다.

둘째, 상상력이 추가되어 가치의 총량이 늘어나는 자산이다. 이러한 자산에는 기업이나 주식 등이 있다. 기업과 주식은 거의 상상력의 가치만을 담는다. 그래서 가치가 감가상각된다. 그러나 신제품 개발, 영업력 강화 등으로 상상력이 추가될 여지가 항상 있다. 그래서 가치가 감가상각되는 동시에 새로운 가치가 추가되면서 담고 있는 가치의 총량이 점점 늘어날 수 있는 자산이다. 단, 기업이나 주식 같은 자산이 좋은 자산이 되기 위해서는 반드시 가치의 감가상각 속도보다 추가되는 속도가 더 빨라야 한다.

한편 안 좋은 자산에는 대표적으로 자동차와 화폐가 있다. 자동차는 완성품으로 상상력이 추가될 여지가 거의 없다. 상상력의 추가는 튜닝, 도색 정도로 제한되며 가치의 감가상각 속도가 훨씬 빠르기 때문에 가치를 보존하는 능력이 현저히 떨어진다. 그리고 화폐는 숫자에 의해 질료화되었지만, 인플레이션에 의해 빠른 속도로 감가상각된다.

주목할 만한 자산에는 토지가 있다. 토지는 흙, 공기, 공간과 같은 질료의 가치를 가지기 때문에 시간이 지나도 가치의 감가상각이 없다. 거기다 건물을 세우거나 농사를 짓는 등 상상력의 가치를 추가할 여지가 아주 많다. 특히 주변에 새로운 상권이 형성되거나 인프라가 구축되는 등의 호재 거리가 있다면 그들의 강력한 상상력 가치의 영향을 받을 가능성도 있다.

일반적으로 오피스텔, 빌라, 아파트 같은 완성형 부동산의 투자 기대 수익률은 퍼센트 단위인 데 반해 토지의 투자 기대 수익률은 배수 단위인 이유가 여기에 있다. 여담으로 많은 투자자가 아파트 같은 완성형 부동산에 인테리어, 최소한 벽지라도 바꾸고 나서 매도하는 이유는 상상력의 가치를 더해 전체 가치를 끌어올려 더 비싼 값을 받기 위해서다. 즉, 약간의 상상력 가치를 추가해서 투자 효율을 높이는 방법이다.

가치와 가격은 다르다

흔히 가치와 가격을 동일하게 생각하는 경우가 많다. 그러나 가치와 가격은 다르다. 다음 문장을 생각해보자. "이 회사의 기업가치는 1조 원이다." 뭔가 어색하지 않은가? 이 문장을 조금 바꿔서 "이 회사의 현재 가격은 1조 원이다"라고 한다면 괜찮아 보인다. "이 회사의 기업가치를 평가했다. 그리고 현재 가격을 1조 원으로 산정했다." 이렇게 하면 정확한 표현이다.

물건의 가격은 그 물건에 담긴 가치의 총량을 얼마만큼의 화폐에 옮겨 담는가에 따라 결정된다. 예를 들어 어떤 물건의 가치 총량을 1만 원이라고 적힌 화폐 한 장에 담으면 그 물건의 가격은 1만 원이다. 그런데 가치의 크기는 평가하는 사람마다 다르다. 그래서 어떤 사람은 1만 원권 한 장에 모든 가치를 담지만, 또 다른 사람은 한 장으로는 부족하여 두 장에 나눠 담을 수도 있다. 이때 한 장에 담는 사람이 더 많으면 시장가격은 1만 원이 되고, 두 장에 담는 사람이 더 많으면 시장가격은 2만 원이 된다.

가치와 가격의 복잡성은 '다름'과 '변화'에서 나온다. 다름은 사람마다 가치를 다르게 평가한다는 의미다. 변화는 두 가지가 있는데, 첫째로 감가상각과 상상력 추가에 의해 가치 크기가 변하고, 둘째로 화폐의 총량이 계속 변한다는 의미다. 만약 모든 사람이 가치를 똑같이 평가하고 가치의 크기와 화폐의 총량이 변하지 않는 고정된 값이라면, 세상의 모든 물건은 언제나 같은 가격을 유지할 것이다. 그렇게 되면 가치와 가격은 동일한 의미가 된다. 그러나 현실은 그렇지 않다.

다음과 같은 가정을 해보자.

1) 태평양만큼 큰 수조가 있다.

2) 수조 위에는 달과 같은 질량을 가진 시계추가 움직이는 시계가 있다.

3) 수조와 시계추 사이에는 기조력이 발생한다.

4) 수조 바닥에 시계추의 동선을 따라 일직선을 그어 균등하게 A, B, C 지점을 표시한다.

시계추가 움직임에 따라 기조력에 의해 수면의 높이가 변할 것이다. 이때 A, B, C 지점은 각각 시계추가 바로 위에 있을 때 가장 수면의 높이가 높아진다. 다음 그림과 같이 2차원적으로 생각해보자.

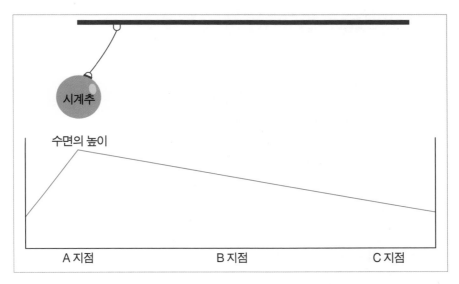

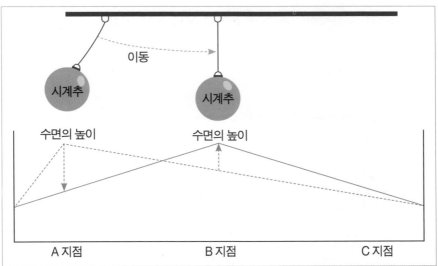

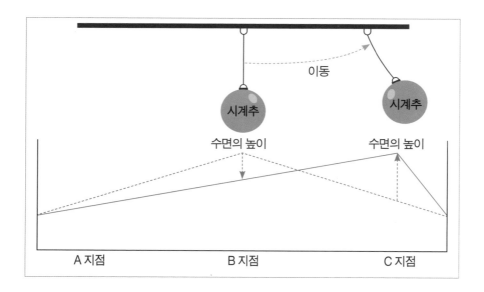

　여기서 물이 차지하는 면적은 화폐의 총량에 비유하고, 각 지점에는 동일한 가치를 가진 자산을 배치한다고 가정하자. 여기서 수면의 높이는 가격이다.

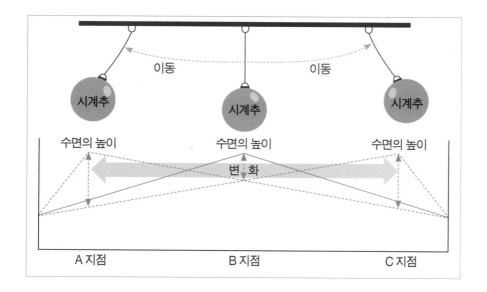

그리고 시계추는 사람들의 심리로 비유하자. 그러면 결국 자산의 가격은 사람들의 심리에 의해 결정된다. 설명하자면 한 자산에 사람들의 심리가 몰릴수록 그 자산이 담고 있는 가치는 전보다 더 크게 평가받고 그에 따라 더 많은 화폐에 나눠 담게 되어 가격이 올라간다. 그리고 반대 상황에서는 가격이 내려간다.

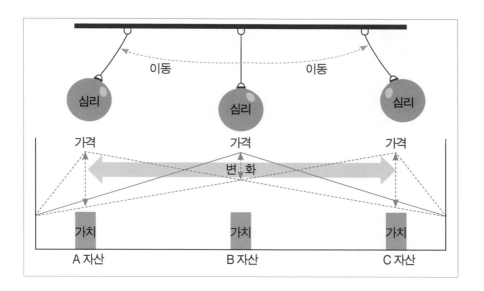

이번에는 각 지점에 배치하는 자산을 다음과 같이 설정해보자. 가치의 질료와 상상력 비율을 기준으로 A에는 상상력 비율이 높은 자산(주식), B에는 반반의 비율인 자산(부동산), C에는 질료 비율이 높은 자산(금)을 배치한다. 사람들의 심리는 위기를 느낄수록 눈에 보이는 것에 의존하고 희망적일수록 상상력에 열광하고 기대한다. 그래서 시계추는 경제 상황이 아

주 좋아질 때는 A 방향으로 움직이고 반대로 경제 상황이 위험해질 때는 C
방향으로 움직인다. 그리고 사람은 한쪽으로 치우치는 것에 불안을 느끼는
본능이 있기 때문에 시계추는 B를 중심으로 움직인다.

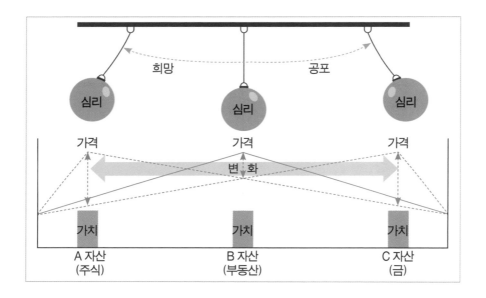

여기서 또 하나의 변화가 있는데, 화폐의 총량이다. 유통되는 화폐의 총
량은 자본주의 시스템의 구조적인 특성, 사회적 이유, 정치적 이유 등 다양
한 요인으로 항상 늘어난다. 그래서 사람들의 심리 변화나 가치의 변화가
없더라도 가격은 변하게 된다.

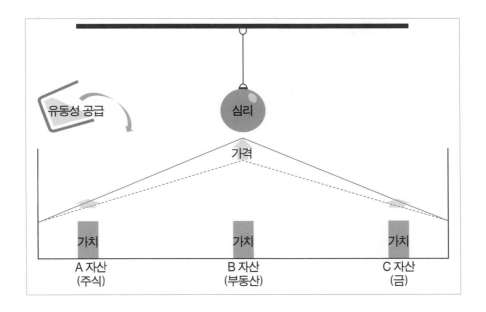

그런데 자산의 질료와 상상력 구성비에 따라 자산 가치 자체도 변화한다. 정리하면 다음과 같다. 자산의 가치 총량은 변하고 사람들의 심리에 따라 평가되는 가치의 크기 또한 변하므로 자산의 가격이 크게 변한다. 여기에 화폐의 총량은 계속해서 늘어나기 때문에 자산별로 가격이 변하는 속도도 달라진다.

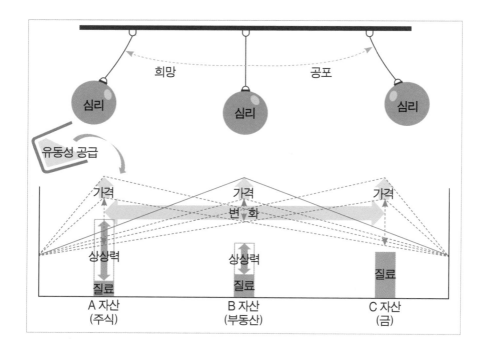

이처럼 가치와 가격의 관계는 매우 복잡하다. 그렇지만 이 복잡성 때문에 기회도 생기는 법이다. 사람들의 심리 상태, 화폐량의 증가속도(인플레이션), 자산 가치의 질료와 상상력 비율을 잘 파악할수록 많은 기회를 찾을 수 있을 것이다. 특히 성공적인 투자를 위해서는 반드시 계발해야 할 능력이다.

일과 투자

일의 본질

일은 가치의 생산과 교환이다. 사람이 생산한 가치를 필요한 대상에게 전달하고 그 대가를 돌려받는 과정이 일이다. 그래서 일을 하면 돈을 버는 것이다. 살면서 종종 듣게 되는 "맡은 일을 열심히 하다 보면 돈은 저절로 따라온다"라고 하는 것은 당연한 말이다.

일의 시작은 가치를 생산하는 것이다. 가치 생산의 원천은 상상력이다. 상상력을 발휘하여 가치를 생산하는 방법은 크게 세 가지가 있다.

첫째, 노동이다. 모든 노동에는 상상력이 필요하다. 육체노동을 하기 위해서는 요령 습득이 필수적인데, 이때 상상력이 필요하다. 더 많은 상상력으로 더 좋은 요령을 가질수록 생산할 수 있는 가치가 커진다. 지식 노동자라고 할 수 있는 회사원이나 전문직 종사자, 또는 경영자도 마찬가지로 상상력을 더 많이 발휘할수록 더 큰 가치를 생산할 수 있다.

둘째, 토지 제공이다. 여기서 토지란 노동자가 가치 생산을 하는 장소이며 기업 또한 토지의 범주에 속한다. 토지는 물리적 공간과 조직이나 시스템 같은 개념적 환경을 제공한다. 토지 제공자는 노동자가 가장 효율적이고 많은 가치를 생산할 수 있는 환경을 만들기 위해 상상력을 발휘한다.

셋째, 자본 제공이다. 자본은 상상력으로 생산되는 가치를 활성화시킨다. 특히 토지를 제공하는 주체는 상상력을 토지에 투입해야 하는데 이를 실현하기 위해서 자본이 필요하다. 자본이 없으면 상상력은 가치화되지 못하고 소멸하는 경우가 많다. 예를 들면 정말 좋은 아이디어가 있는데 돈이 없어서 창업하지 못하는 경우다. 이때 상상력이 소멸하지 않고 그 가치가 필요한 곳으로 잘 전달될 수 있도록 해주는 것이 자본이다. 자본 제공자가 상상력을 많이 발휘할수록 더 많은 좋은 토지가 생길 수 있고 이는 노동자가 더 큰 가치를 생산할 수 있도록 하여 결과적으로 생산되는 가치 총량을 키우는 데 기여한다.

일의 시작으로 가치를 생산하고 나면 그 가치를 제공해야 한다. 이때 어떤 대상에게 어떤 방법으로 제공하는지가 중요하다. 가장 필요한 사람에게 제공할수록 생산한 가치는 높게 평가된다. 기업이 타깃 설정을 하여 마케팅을 하는 이유다. 그리고 많은 사람에게 동시에 제공할수록 생산한 가치를 복제해서 가치 총량을 크게 만드는 효과가 있다. 예를 들어 지식을 다른 한 사람에게 제공하는 것보다 책에 담아 다수의 독자에게 제공하는 것이 전달되는 가치의 총량이 훨씬 더 크다. 생산한 가치가 가장 큰 효과를 낼 수 있도록 효율을 높이는 것이 일을 잘하는 방법이다. 아무리 큰 가치를 생산했더라도 제공할 대상과 방법을 잘못 판단하면 효율은 0이 될 수도 있다.

결론적으로 상상력을 발휘해서 가치를 생산하고, 그 가치가 필요한 대상에게 제공하면 그에 상응하는 크기의 가치를 돌려받게 된다. 이러한 과정은 곧 가치의 생산과 교환이며, 우리는 그 과정을 일이라고 한다. 또한 더 많은 상상력 발휘로 더 큰 가치를 생산할수록, 그리고 생산한 가치를 더 필요로 하는 다수의 대상에게 동시에 제공할수록 더 큰 가치를 돌려받게 된다. 그렇게 할수록 일을 잘하는 것이며 더 빠르게 부자가 되는 방법이다.

투자에 대한 이해

투자는 가치의 저장이다. 일하고 나면 그 결과로 제공한 가치의 크기에 상응하는 가치를 돌려받는다. 그리고 그 가치는 대부분 돈의 형태로 받는다. 즉 화폐라는 자산에 가치를 담아서 받는 것이다. 그런데 화폐는 가치를 안정적으로 담지 못하는 대표적인 안 좋은 자산이다. 인플레이션 등으로 꾸준히 가치를 상실하기 때문이다. 그래서 일을 하고 돌려받은 가치를 화폐에서 안정적으로 담을 수 있는 다른 자산으로 옮겨 담는 것이 바로 투자다.

투자는 여러 가지 방법이 있지만 크게 나누면 두 가지로 생각할 수 있다.

첫째, 방어적 투자다. 방어적 투자는 가치의 감가상각을 막는 투자다. 가장 쉽게는 일을 해서 번 돈으로 금과 은을 사는 방법이 있다. 금과 은은

100% 질료의 가치만을 담기 때문에 감가상각이 없기 때문이다.

둘째, 공격적 투자다. 공격적 투자는 감가상각되는 상상력 가치보다 새롭게 추가되는 상상력 가치가 더 클 것으로 예상되어, 시간이 지날수록 저장한 가치가 점점 커지기를 기대하는 투자다. 대표적으로 주식과 부동산 투자가 있다.

투자의 효율을 높이는 방법은 경제와 심리 주기에 따라 변하는 자산 가격의 변동을 활용하는 것이다. 자산이 담고 있는 가치 대비해서 가격이 낮을수록 같은 크기의 돈으로 더 많은 자산을 살 수 있다. 따라서 일을 통해 번 돈으로 그 시점에 저평가된 자산을 매입하면 투자의 효율을 높일 수 있다. 조금 더 적극적으로 투자하려면 저평가 자산을 매입하고 그 자산이 고평가되었을 때 매도 후 그 시점의 저평가 자산을 다시 매입할 수도 있다. 저평가 자산을 매입하고, 보유 중인 고평가 자산을 매도하는 것이 투자 전략의 기본이다.

일은 가치의 생산과 교환이고, 투자는 가치의 저장이다. 따라서 일과 투자 중에서 일이 선행되어야 하며, 일하고 나면 반드시 투자가 따라와야 한다. 일이 선행되지 않으면 저장할 가치를 얻을 수 없고, 일을 하고 나서 투자를 하지 않으면 일을 통해 얻은 가치를 제대로 보존할 수 없기 때문이다. 그리고 일은 어렵고 복잡하게 해야 하고 투자는 쉽고 단순하게 해야 한다. 만약 일을 쉽고 단순하게 한다면 그만큼 상상력을 적게 발휘하는 것이고, 투자를 어렵고 복잡하게 한다면 금방 지쳐 투자를 포기하게 될 것이다. 더 쉽게 말하자면, 쉽고 단순한 일일수록 돈을 적게 번다. 은행에 저금하는 과정이 너무 어렵고 복잡하다면 아무도 저금하지 않을 것이다.

일은 산을 오르는 것과 같다. 매우 힘들고 지치는 과정이며 경치를 구경할 여유를 가지기 어렵다. 반면 투자는 산에서 내려오는 것과 같다. 산을 오르기보다 당연히 쉽고 부담도 적다. 다만 마음이 너무 앞서 발을 잘못 디뎌 넘어지지 않도록 주의는 기울여야 한다. 산을 오르면 반드시 내려와야 하듯이 일을 하고 나서는 반드시 투자로 마무리해야 한다. 그리고 투자는 신중하되 쉽고 단순하게 해야 한다. 그래서 투자는 숨 쉬듯이 해야 한다는 말이 있는 것이다.

간혹 일을 그만두고 투자만 하면서 살고 싶다는 사람들이 있다. 다시 말해 전업 투자자가 되고 싶다는 것이다. 그런데 전업 투자자의 투자는 본질적으로 투자가 아닌 '일'이다. 전업이라는 말은 일한다는 뜻이기 때문이다. 즉, 투자를 일로 한다는 의미다. 따라서 전업 투자자가 된다는 말은 일을 그만두는 것이 아니고 일의 종류를 바꾼다는 의미다. 한편 공격적 투자를 통해 얻은 자산이 많아서 그로부터 저절로 추가 생산되는 가치가 매우 크다면 일을 하지 않아도 생활에 전혀 지장이 없게 될 수도 있다. 예를 들면 필요한 생활비보다 월세나 배당수익이 훨씬 더 큰 경우다. 흔히 경제적 자유를 얻었다고 하는 경우다. 그런데 경제적 자유를 얻는 것과 일 자체를 하지 않는 것은 별개의 문제다. 일은 가치를 생산하는 것이고, 가치를 생산하는 것은 그 자체로 인생에서 큰 의미가 될 수 있기 때문이다. 따라서 전업 투자자를 꿈꾼다면, 투자를 일로 하고 싶은 것인지, 단순히 일 자체가 하기 싫어서 그 방법을 경제적 자유에서 찾는 것인지는 깊이 생각해볼 문제일 것이다.

"절대로 돈을 잃지 마라."
쉽게 지나칠 수 있지만 사실 이 원칙은 투자의 모든 것을 담고 있다. 주식뿐만 아니라
어떤 종류의 투자에 적용해도 기본 원칙으로 부족함이 없다. 하지만 워런 버핏과 같이
전문 투자자가 아닌 일반 투자자에게는 조금 더 구체적인 기준이 될 원칙이 필요하다.

Chapter 2

주식 투자에 대한 생각

주식 투자를 하는 이유

절대로 돈을 잃지 마라

"절대로 돈을 잃지 마라."

너무나도 유명한 워런 버핏의 투자 제1원칙이다. 그런데 이게 무슨 의미일까? 아무도 돈을 잃는 것에 대해 마음이 편하지는 않을 것이다. 그래서 당연히 주식 투자자는 누구든 돈을 잃지 않으려는 마음을 가진다. 그러나 주식 투자를 하면서 과연 절대로 돈을 잃지 않는 것이 가능한 일일까? 이에 대한 답을 얻기 위해서는 주식 투자에 대한 좀 더 본질적인 고찰이 필요하다.

주식 투자를 하는 이유는 무엇일까? 주식 투자라는 말을 분리해서 생각하면 주식이라는 자산에 투자라는 행위를 하는 것이다. 따라서 가장 본질적인 대답을 하기 위해서는 먼저 '투자'라는 행위의 의미와 이유에 대해 생각해보고, 그 다음 왜 주식에 그 행위를 하는지 생각해볼 필요가 있다. 투자의 기본적인 목적은 '가치를 저장하고 보존하는 것'이다. 더 나아가면 저장한 가치가 시간의 흐름에 따라 스스로 성장해서 결과적으로 '보유한 가치를 점점 더 커지게 하는 것'이다. 이를 쉽게 표현하면 돈을 벌기 위해서라고 할 수도 있다. (이 책의 본문에서는 쉬운 이해를 위해 돈을 '번다'라는 표현을 쓰지만 chapter 1의 가치의 생산과 교환 그리고 저장과 보존 개념을 먼저 확실히 이해하기를 강력히 권장한다.) 이때 주식에 투자하는 이유는, 주식은 상상력의 추가로 인해 담고 있는 가치가 점점 커질 잠재력을 가진 자산이기 때문이다. 결론적으로 우리는 주식 투자라는 행위를 통해 내가 보유한 가치를 주식이라는 자산에 저장하여 그 가치를 점점 커지도록 만들어야 한다.

많은 사람이 낚시를 한다. 낚시를 하는 이유는 무엇일까? 나는 낚시를 잘 모르지만 아무래도 잡은 물고기를 식량으로 쓰거나 팔기 위해서 낚시를 하는 사람은 그렇게 많지 않을 것이다. 2020년 기준으로 국내 낚시 인구는 800만 명 정도 된다는 통계가 있는데, 그 많은 사람이 생업을 위해 낚시를 하지는 않을 것이다. 대부분은 재미나 취미로 낚시를 한다. 게임이나 도박도 마찬가지다. 돈을 벌기 위해서 또는 생업으로 게임과 도박을 하는 사람은 거의 없다. 재미를 위해서 한다. 그래서 그에 따른 비용을 당연하게 받아들인다.

그런데 우리 주변에는 주식 투자를 게임하듯이 또는 도박하듯이 하는 사람이 많다. 주식 투자를 하면 그 결과로 돈을 벌어야 하는데, 그들은 돈을 벌기보다는 주식 계좌에서 투자 수익률이 플러스로 보일 때 또는 보유 주식이 급등할 때 느껴지는 쾌감에 더 집중한다. 그러한 이유로 많은 사람이 주식 리딩방을 찾아다니고 급등주, 테마주, 작전주 등을 발굴하려고 노력하며 실체가 불분명한 지라시 정보를 얻고 싶어 하며 맹신한다. 그러나 그 결과는 순간적인 주가 급등으로 재미를 느낄 수는 있지만 실제로 돈을 버는 경우는 드물다. 대형 우량주 위주로 투자하는 사람들도 크게 다르지 않다. 그저 감이나 애널리스트 또는 주변 지인의 의견에 따라 정확한 기준 없이 그저 앞으로 오를 것 같다는 이유로 투자한다. 그러나 그렇게 하는 것은 '확실하게 돈을 버는 방법'이 아니고 '어쩌면 돈을 벌 수도 있는 방법'이며 결국 돈을 잘 벌지 못한다. 이는 주식 '투자'를 하는 것이 아니고 주식 '놀이'를 하는 것과 다를 바 없다. 그 결과는 돈을 벌기보다는 게임을 위해 비용을 지불하듯이 주식 '놀이'를 하면서 비용만 지불하게 될 가능성이 크다.

피터 린치는 그의 저서 《전설로 떠나는 월가의 영웅》에서 사람들이 전자레인지를 살 때는 이것저것 최대한 알아보고 많은 고심을 해서 구매하지만, 주식은 전자레인지보다 훨씬 쉽게 매수한다며 안타까워했다. 실제로 우리가 주변에서 쉽게 볼 수 있는 주식 투자자들도 대부분 그런 성향을 가지고 있는 것 같다. 보통은 너무 쉽게 주식을 고르고 매수는 더 쉽게 한다. 그리고 손절 또한 쉽게 한다. 마치 게임이나 도박을 할 때 쉽게 돈을 쓰는 것처럼.

반면 부동산 투자자들은 조금 다르다. 물건을 살 때와 마찬가지로 부동산 투자를 할 때 매우 신중하다. 투자에는 항상 손실 가능성이 있어서 투자자는 투자금을 잃지 않기 위해 매우 신경 쓴다. 그리고 투자를 통해 돈을 벌지는 못할지라도 최소한 잃지는 않으려고 필사적으로 노력한다. 실제로 대부분의 부동산 투자자들은 그렇게 한다. 그러나 이상하게 주식 투자에서는 부동산 투자만큼의 신중함을 찾아보기가 어렵다. 아무래도 비교적 적은 투자금, 간단한 매매 방식 등의 이유가 있겠지만, 가장 근본적으로는 주식 투자를 진지하게 '투자'로 인식하지 않기 때문으로 생각된다.

한편으로는 어부가 아니기 때문에 취미로 낚시를 하는 것과 마찬가지로 전업 투자자가 아니기 때문에 취미로 주식 '놀이'를 하는 것으로 생각하면 이해는 된다. 그러나 우리가 주식 투자를 하는 이유는 '투자'이지 '놀이'가 아님을 잊어서는 안 된다. 워런 버핏의 투자 원칙 "절대로 돈을 잃지 마라"가 담고 있는 의미를 곱씹으며 주식 투자를 하는 모든 순간에서 필사적으로 돈을 잃지 않기 위해 노력해야 한다. 그리고 돈을 벌어야 한다.

목표 설정

앞서 우리는 주식 투자를 하는 이유가 돈을 벌기 위해서임을 상기했다. 그렇다면 우리가 주식 투자를 통해 진정으로 기대하는 최종 목표는 무엇일까? 아마도 지금보다 더 부유한 생활이 목표가 될 수 있을 것이다. 여기서 말하는 부유한 생활이란 일회성으로 비싼 차를 사고 해외여행을 다니거나 혹은 사치품을 살 수 있는 그러한 것이 아니다. 진정한 의미의 부유한 생활에는 일회성이 아닌 지속성이 있어야 한다. 일정 크기의 돈을 벌어 단편적인 소비를 하고 나서 그 전과 같은 수준의 생활로 돌아가는 것은 부유한 생활과 다르다. 늘어난 소비력을 지속해서 유지할 수 있어야 진정한 의미의 부유한 생활을 누릴 수 있다. 따라서 우리가 주식 투자를 통해 기대하는 최종 목표는 지금보다 더 부유한 생활을 지속할 수 있는 상태가 되는 것이다.

투자 이익을 통해 부유한 생활을 지속하기 위해서는 투자 이익의 종류와 역할에 대해 알아야 한다. 이해하기 쉽도록 부동산 투자 이익을 예로 생각해보자. 부동산 투자로 얻는 이익은 크게 두 가지가 있다. 부동산 가격이 오르면 팔아서 얻는 차익과, 부동산을 팔지 않고 보유하면서 꾸준히 발생하는 월세 수익이다. 즉, 부동산 투자는 차익형 부동산 투자와 수익형 부동산 투자로 구분할 수 있다. 많은 부동산 투자자들이 차익형 부동산에 투자하면서 체득하는 교훈이 있다. 그것은 가지고 있던 부동산을 팔면 반드시 다른 부동산을 새로 사야 한다는 것이다. 그 이유는 한 건의 부동산 매매를 통해 아무리 큰돈을 벌었더라도 그 돈을 재투자하지 않고 써버린다면 언젠가는 투자 원금까지 바닥나기 때문이다. 그래서 부동산을 팔아서 얻은 이익 중 일정 금액은 소비하더라도 처음의 투자 원금 이상은 반드시 재투자한다. 그렇게 차익형 부동산 투자로 얻은 이익은 자산의 규모를 키우는 역할을 한다. 반면 수익형 부동산은 한 번 투자하면 특별한 상황이 아닌 이상 매도하지 않는다. 투자 목적이 꾸준히 월세를 받기 위해서이기 때문이다. 월세 수익은 모아서 재투자에 사용될 수도 있지만, 생활비에 보태 더 부유한 생활을 하도록 만들어주는 역할이 더 크다.

위의 이유로 부동산 투자를 거듭할수록 차익형 부동산은 반복적인 매매로 점점 규모가 커지고, 수익형 부동산은 점점 수량이 많아지면서 월세 수익이 늘어난다. 여기서 전체 자산 규모를 빠르게 키워주는 것은 차익형 부동산이고, 생활을 점점 더 부유하게 해주는 것은 수익형 부동산이다. 결론적으로 생활을 부유하게 만들어 주는 것은 수익형 부동산이고, 그 수익형 부동산을 점점 더 많이 가질 수 있도록 차익형 부동산이 돕는 구조이다.

주식 투자에서도 마찬가지이다. 어떤 주식은 빠른 가치 성장으로 주가가 급속도로 오르기 때문에 매매 차익을 목적으로 투자하기에 적당하다. 그리고 또 어떤 주식은 꾸준히 높은 수준의 배당금을 지급하기 때문에 배당 수익을 목적으로 투자하기에 적당하다. 일반적으로 큰 차익을 기대할 만한 주식은 배당금을 적게 지급하고, 배당금을 꾸준히 많이 지급하는 주식은 주가 상승이 더디다. 그래서 주식 투자도 부동산 투자와 마찬가지로 처음부터 목적을 확실히 해야 한다. 한 가지 분명한 사실은 우리에게 부유한 생활을 보장해주는 것은 부동산에서의 월세처럼 주식에서는 배당금이다. 그런데 배당금은 아무리 커도 그 한계가 있으며 배당금을 재투자해서 전체 자산 규모를 키우기는 어렵고 효율적이지 않다. 따라서 큰 차익을 기대할 수 있는 주식에도 반드시 투자가 필요하다. 결론적으로 부유한 생활이라는 최종 목표를 위해서는 배당금이 꾸준히 지급되는 주식을 점점 많이 보유해가야 하며, 그렇게 하기 위해서는 매매 차익을 기대할 수 있는 주식을 지속적으로 매매하면서 점점 자산 규모를 키워야 한다. 배당금만으로 최소 생활비를 충당할 수 있는 수준의 주식 자산 구조를 만드는 것을 주식 투자의 1차 목표로 삼는다면 아주 바람직할 것이다.

마지막으로 한 가지 덧붙이자면, 위와 같은 목표로 주식 투자를 하면, 주식 매매로 얻은 차익을 재투자해야 하므로 주식 투자를 통해 올린 수익 중 실제로 쓸 수 있는 돈은 배당금밖에 없다. 그런데 배당금이 어느 정도 의미 있는 규모가 되기 위해서는 매우 오랜 시간이 필요하다. 따라서 처음부터 투자금을 100% 모은 상태에서 주식 투자를 시작하지 않는 한 오랜 시간 동안 돈이 계속 투입만 될 뿐, 인출할 수 있는 돈은 거의 없는 상태가 유지된다. 그렇기 때문에 반드시 무리하지 않는 수준으로, 가급적 여윳돈으로 주식 투자를 해야 한다.

주식투자로 부자가 될 수 있을까?

바람직한 투자 수익률

주식 투자로 부자가 될 수 있을까? 이에 대한 답을 얻기 위해서는 먼저 부자의 의미에 대한 고찰이 필요하겠지만, 여기서는 단순히 돈이 많은 사람이 부자라는 전제로 생각해보자. 주식 투자자 중에 부자가 아닌 일반 투자자는 과연 얼마를 벌면 스스로 부자가 되었다고 생각할까? 개인차가 있겠지만 일반적인 수준으로는 투자금이 10배로 늘어난다면 "많이 벌었다"고, 50~100배 이상 늘어난다면 "부자가 됐다"고 생각할 만할 것이다. 예를 들어 투자금 5천만 원으로 주식 투자를 시작한 사람의 투자금이 10배인 5억 원으로 늘어나면 많이 벌었다고 생각할 수 있고, 50~100배인 25~50억 원 이상으로 늘어나면 부자가 됐다고 생각할 만한 수준일 것이다(물론 개인

차는 있을 것이다). 그러면 여기서 투자금을 10배, 50배, 100배로 늘리기 위해서는 얼마나 많은 시간이 소요될까? 만약 워런 버핏처럼 주식 투자로 연평균 20% 이상 수익률을 달성할 수 있다면 투자금을 10배 늘리는 데 15년 이상, 50배는 25년 이상 그리고 100배는 28년 이상 걸린다. 그러나 일반 투자자가 워런 버핏 같은 수익률을 기대하기는 극히 어려울 것이므로 실제로는 훨씬 더 많은 시간이 걸릴 것이다. 게다가 자산 규모가 커질수록 수익률은 낮아질 수밖에 없기 때문에 사실상 그러한 계산을 하는 것은 무의미해 보인다.

주식 투자로 부자가 될 수 있을 것인지에 관한 질문에 결론부터 말하자면, 주식 투자든 다른 어떠한 종류의 투자를 통해서도 부자가 되기는 어렵다. 거의 불가능에 가깝다. 개념적으로 투자는 부자가 되기 위해 하는 것이 아니라 일을 통해 얻은 가치를 저장하고 보존하는 것이기 때문이다('chapter 1' 참조). 부자가 되기 위해서는 투자가 아니라 큰 가치를 제공할 수 있는 '일'을 해야 한다. 그중에서도 특히 사업과 같이 매우 큰 가치교환을 할 수 있는 일을 해야 한다. 현실적으로도 투자를 통해 부자가 되었다고 알려진 위대한 투자자들은 모두 자산운용사 같은 투자 회사를 소유한 사업가다(순수하게 투자만으로 부자가 된 사람이 있는지 모르겠으나, 만약에 있다고 하더라도 몇 세대를 거치면서 투자한 가문일 가능성이 클 것이다. 투자는 반드시 오랜 시간이 필요하기 때문이다). 많은 사람이 주식 투자를 시작할 때 워런 버핏 수준의 연간 수익률을 올릴 것으로 기대하며 몇 년 뒤에는 얼마의 재산을 가진 부자가 될 것이라는 꿈에 부푼 상상을 한다. 그러나 현실을 직시하면 안타깝지만 불가능하다.

비록 주식 투자로 부자가 될 수는 없지만 그럼에도 불구하고 주식 투자자는 조금이라도 더 높은 수익률을 기대하는 것이 당연하다. 그렇다면 과연 어느 정도의 수익률을 기대하는 것이 적당하며 바람직할까? 이는 리스크와 연계해서 생각해야 한다. 기대 수익률이 같다면 당연히 리스크가 낮은 쪽에 투자하는 편이 낫기 때문이다.

예를 들어 주식 투자를 통해 연평균 1~2%의 수익률을 기대하는 것은 터무니없이 부족하다. 1~2%는 물가 상승률에도 미치지 못할 뿐만 아니라, 주식보다 리스크가 훨씬 낮은 은행 예금 상품으로도 쉽게 얻을 수 있는 수익률이기 때문이다. 일반적으로 투자 리스크의 크기를 비교하면 예·적금 〉채권 〉부동산 〉주식 순으로 리스크가 커진다고 할 수 있다(부동산이 주식보다 리스크가 낮은 이유는 질료 비중이 높기 때문이다. chapter 1 참조). 따라서 주식 투자를 통한 기대 수익률은 부동산의 기대 수익률보다는 커야 한다. 내 경험상 일반 투자자가 부동산 투자에서 레버리지 없이 연간 4~8% 정도의 수익률은 기대할 만하다. 따라서 주식 투자에서는 그보다 기대 수익률이 높아야 한다.

많은 전문가도 주식 투자에서 일반적으로 기대할 만한 장기 수익률로 9~10% 정도를 제시한다. 이런 근거로 생각하면 일반 투자자가 주식 투자에서 기대할 만한 수익률은 10% 정도가 적당하겠다. 그런데 10%는 펀드 투자와 같이 간접 투자 시 기대할 만한 수익률이고, 직접투자에서는 소요 시간과 노력을 고려해서 그 이상이 되어야 한다. 그리고 매매 비용과 세금 또한 고려해야 하므로 주식 투자를 통해 기대할 연간 수익률은 적어도 세전 15% 이상은 되어야 바람직하다.

미국 지수 추종 ETF 투자는 어떨까?

워런 버핏은 자신의 유서에서 아내에게 "내가 갑자기 죽는다면 현금의 10%는 단기 국채에 넣고 90%는 S&P500 인덱스 펀드에 투자하라"라는 말을 남겼다고 알려져 있다. 보통 미국 대형 우량주의 지수를 추종하는 ETF는 꾸준하게 안정적인 수익률을 올릴 것으로 기대한다. 실제로 세계 1위 ETF이자 미국 지수 추종 ETF의 대표 격인 SPDR S&P500 ETF Trust(티커: SPY)의 역사적 수익률은 연평균 10% 수준이다. 전문 투자자가 아닌 일반 투자자 중에 이보다 높은 장기적 수익률을 달성하는 사람이 과연 몇이나 있을까?

주식 투자만으로 부자가 되기는 거의 불가능하지만 투자를 통해 저장하는 가치를 조금이라도 증식시키는 것을 목표로 한다면 ETF 투자는 매우 훌륭한 투자 방법이다. 사실 연평균 10%의 수익률은 상당히 훌륭한 수준이다. 복리 효과를 생각하면 시간의 흐름에 따라 점점 자산 증식 속도가 급증하기 때문이다. 그래서 전문 투자자가 아닌 이상 미국 대형 우량주 ETF에만 투자해도 좋다고 할 수 있고, 어쩌면 가장 현명한 선택이 될 가능성도 크다.

그렇지만 나는 ETF 투자보다는 개별 종목 직접투자를 선호한다. ETF 투자는 꾸준한 수익을 기대할 수 있고 특별히 신경 쓰면서 시간을 소모하지 않아도 되는 큰 장점이 있다. 그러나 노력이 덜 필요한 만큼 투자 실력의 향상도 상대적으로 적다고 할 수 있다. 따라서 투자 실력 향상에 따른 점진적인 수익률 증가를 기대하기 어렵다. 반면 직접투자를 하면 자연스럽게 경제 흐름, 산업 동향, 국제 무역, 정치·사회·문화적 관계와 영향 등 다방면으로 관심을 두게 된다. 관심을 가지는 만큼 더 다양한 지식을 얻게 되고 지식을 활용한 투자 경험은 지혜와 통찰력을 키워준다. 그렇게 해서 점점 투자 실력이 향상된다. 즉, 직접투자는 더 큰 노력이 필요한 만큼 개인적으로나 수익률 측면에서나 점진적 성장을 기대할 수 있는 것이다. 이런 점 때문에 나는 의존적인 ETF보다 주체적인 개별 종목에 직접투자를 더 선호한다. 그리고 직접투자를 선호하는 또 다른 이유는 행동 심리학에서 말하는 이케아(IKEA) 효과에 있다. 이케아 효과는 완제품보다 일부라도 자신이 직접 만든 물건에 더 애착이 가는 효과다. 아무래도 ETF 투자보다 직접투자를 하면 자신이 투자한 자산에 애착이 갈 수밖에 없다.

그렇다면 개별 종목 직접투자를 선호하는 경우, ETF 투자는 배제해야 할까? 그렇지는 않다. 미국 지수 추종 ETF 같은 훌륭한 투자처를 그냥 두고 지나치기엔 너무 아깝기 때문에 적절하게 혼합하는 것이 좋다. 투자를 이제 막 시작해서 실력이 매우 부족하거나 본업이 너무 바빠서 투자에 신경 쓸 시간이 부족한 경우 ETF 투자의 비중을 높이고, 어느 정도 실력이 생기고 시간이 확보될수록 점점 직접투자의 비중을 높이는 식이다. 나는 ETF와 직접투자의 비율을 8:2 또는 7:3 정도로 시작해서 점차 5:5, 3:7, 2:8 정도로 직접투자의 비중을 높여가는 방법을 추천한다. 처음 주식 투자를 시작할 때 ETF 투자 비율을 높이는 것에는 또 다른 장점도 있다. 개별 종목에 투자하기 위해서는 주가의 변동에 따라 적절한 진입 시점이 될 때까지 기다려야 하는 경우가 대부분이지만, ETF는 특별히 진입 시점을 기다릴 필요가 없다. 어떤 시점에 투자하더라도 장기 수익률에는 별로 차이가 없기 때문이다.

한 가지 팁으로, ETF 투자와 개별 종목 직접투자를 동시에 하면서 그 둘을 서로 다른 주식 계좌에 두고 수익률을 비교해보면 소소한 재미를 느낄 수 있을 것이다.

가치 투자 vs 기술적 투자

가치 투자와 기술적 투자

흔히 분류되는 주식 투자 방법에는 크게 두 가지가 있다. 바로 가치 투자와 기술적 투자다. 이 두 가지 방법에는 근본적인 차이가 있다. 가치 투자는 이름처럼 가치를 기준으로 매매하는 방법이고 기술적 투자는 가격을 기준으로 매매하는 방법이다. 각각의 의미와 특징은 다음과 같다.

가치 투자

가치 투자는 기업의 가치를 사는 투자다. 간단하게 설명하자면, 어떤 기업의 가치를 분석하고 그 가치에 맞는 가격을 산정한 후 그 가격보다 싸게 사고 이후 가치 상승에 따라 가격이 오르면 파는 것이다. 워런 버핏 등 세계적으로 대가로 인정받는 많은 주식 투자자들은 가치 투자를 한다.

가치 투자의 가장 큰 장점은 단기적인 주가 등락에 영향을 받지 않는다는 점이다. 가치 분석을 통해 적정 주가를 잘 계산해서 싸게 샀다면 주가가 일시적으로 하락하더라도 장기적으로는 다시 오를 것이기 때문에 믿고 기다릴 수 있다. 그래서 가치 투자를 하면 자연스럽게 장기 투자를 하게 된다. 그리고 장기 투자를 한다고 해서 주식 투자에 신경을 쓰는 시간이 길다는 의미는 아니다. 오히려 느긋하게 다른 일을 하면서 기다리기 때문에 시간 소모는 적다.

한편 오래 기다렸는데도 주가가 기대한 만큼 오르지 않는다면 이득 없이 시간만 보내게 되므로 주의할 필요도 있다. 따라서 가치 분석과 주가 계산에 큰 노력을 기울여야 한다. 그리고 가치 분석과 주가 계산을 잘했다고 생각하지만, 주가가 오르지 않는 상태가 오랜 시간 지속하면 점점 자신의 판단에 확신을 잃고 불안함이 생길 수 있다. 그래서 마음을 다스리고 인내할 수 있는 능력이 필요하다.

기술적 투자

기술적 투자는 주가의 변동성으로부터 이득을 얻는 투자다. 차트, 즉 주가와 거래량의 변화를 관찰하면서 앞으로 주가가 오를 것 같은 시점에 매수하고 오르고 나면 매도한다.

주가의 변동, 즉 가격의 변동을 분석하는 것은 곧 사람들의 심리를 읽는 것이다. 사람의 심리에 영향을 주는 요소는 셀 수 없이 많다. 사람의 심리는 작은 뉴스에도 반응하고 거시적인 경제 지표에도 크게 영향을 받는다. 그에 따라 주가 등락의 방향은 자주 바뀌기 때문에 기술적 투자는 가치 투자보다 매매 주기가 짧다. 따라서 기술적 투자는 가치 투자에 비해 지겨움이 적다는 장점이 있다. 반면 단기간에 매매가 이루어지기를 기대하기 때문에 예상과 달리 주가가 오르지 않고 계속해서 떨어지면 결국 손실을 보고 매도하는 상황이 비교적 자주 발생할 수 있다는 단점도 있다.

기술적 투자의 또 다른 장점은 주가 하락 시에도 수익을 낼 기회가 항상 있다는 점이다. 가치 투자는 결국 주가가 올랐을 때만 수익을 올릴 수 있다. 반면 주가는 항상 등락을 반복하며 상승 또는 하락하기 때문에 기술적 투자는 주가가 하락할 때도 등락 시점만 잘 판단하면 수익을 올릴 수 있다. 물론 그렇게 정교하게 등락 시점을 판단하기는 쉽지 않다. 그리고 수없이 많은 패턴을 익히고 있어야 주가 등락 예측의 정확도를 높일 수 있어서 많은 공부가 필요하다.

추구해야 할 방향

이 책의 집필 목적은 전문가가 아닌 일반 투자자가 성공적인 주식 투자를 할 수 있도록 기본 개념을 이해하고 자신만의 철학과 체계를 정립할 수 있도록 돕는 것이다. 따라서 이 책의 주요 독자들은 대부분 일반 투자자로, 주로 직장인이 많으리라 생각한다.

어느 정도의 반열에 올라 자신만의 확고한 투자 기법을 정립한 주식 투자자라면 가치 투자와 기술적 투자 중에서 자신의 경험과 성향에 맞는 투자를 하면 된다. 그러나 경험과 실력이 부족한 일반 투자자는 앞으로 본업을 그만두고 전업 투자자가 되어 기술적 투자를 하겠다는 계획을 하고 있지 않은 이상 가치 투자자의 길을 가는 것이 바람직하다.

일단 일반 투자자가, 특히 직장인이 기술적 투자를 하는 것은 불가능에 가깝다. 기술적 투자는 투자 주기가 짧고 순간순간 발생하는 뉴스나 돌발적 호재나 악재 그리고 경기와 사람들의 심리 변화에 기민하게 대응해야 하는데, 전업 투자자가 아닌 이상 그렇게 하기가 매우 어렵기 때문이다. 더욱이 익혀야 할 패턴과 기술이 수도 없이 많기 때문에 웬만한 시간 투자가 없으면 접근 자체가 쉽지 않다. AI 알고리즘 자동매매 시스템 등으로 기술적 투자를 하는 경우도 많으나 실제로 큰 수익을 낼 수 있을지는 의문이다.

그렇다면 가치 투자는 어떨까? 가치 투자는 일반 투자자나 초보자도 쉽게 할 수 있는 투자일까? 그렇지 않다. 가치 투자도 매우 어렵고 다양한 지식과 경험 그리고 통찰력이 필요하다. 특히 다음과 같은 이유로 실제로 가치 투자를 하는 사람은 주변에서 잘 찾아보기 힘들다.

1) 지식 부족

2) 시간 부족

3) 정보 부족

우선 각각의 이유에 대해 생각해보자.

1) 지식 부족

가치 투자를 하기 위해서는 종목 선정, 매수와 매도 시점 판단 등에 최소한의 지식이 필요하다. 일반적으로 지식은 독서, 강의, 블로그, 유튜브 영상 등을 통해 습득한다. 그렇게 필수 지식을 습득하기 위해서는 생각보다 많은 의지력을 발휘해야 하는데 그렇게 하기가 쉽지 않다. 일하느라 바쁘고 여러 가지 개인사로 인해 의지는 금방 식기 마련이다. 특히 대부분 시중에서 구할 수 있는 책이나 쉽게 접할 수 있는 매체를 통해 얻을 수 있는 지식은 대부분 투자 전문가들에게서 나오기 때문에 일반 투자자의 눈높이에서는 너무 어렵고 전문적이다. 그래서 지식을 쌓기보다는 한계를 느끼고 포기하는 경우가 많다. 그 결과 지식은 항상 부족한 상태로 유지되며 가치 투자를 하기보다는 주식 리딩방이나 주변 지인들로부터 얻는 정보에 의존하게 된다.

2) 시간 부족

가치 투자를 하기 위해서는 기업 분석을 하고 거시적인 경제 흐름을 판단하며 적정 주가를 계산해야 한다. 경제 흐름 판단과 주가 계산은 차치하고 우선 기업 분석부터 해야 하는데, 방법에 따라 차이가 있지만 한 개의 기업을 분석하는 데 최소 30분 정도는 필요하다. 그런데 국내 주식 시장에 상장된 기업은 2500개가 넘는다. 빠르게 진행해서 한 개의 기업 분석을 10분 만에 해낸다고 하더라도 전체 상장 기업 분석에 약 400시간 이상 걸린다는 의미다. 만약 상장 기업 중 일부만 분석하기로 하고 운 좋게 그 일부의 기업들이 대부분 좋은 기업이라면 다행이지만 이는 현실적이지 않다.

책이나 기타 매체를 통해 배운 방법대로 기업 분석을 해보면 실제로 좋은 기업을 발견하기가 매우 어렵다. 기준에 따라 다르겠지만 2500개 기업 중에 100개를 넘지 못할 것이다. 마음먹고 온종일 기업 분석을 했는데 그중에서 좋은 기업을 하나도 발견하지 못할 가능성도 있다. 그래서 주식 투자에 쏟을 수 있는 절대적 시간이 부족한 일반 투자자, 특히 직장인이 가치 투자를 하는 것은 너무나 어려운 일이다.

3) 정보 부족

기업 분석은 재무 정보나 뉴스 기사 등의 공개된 정보 외에 기업의 경영진이나 기업이 가진 경제적 해자 등에 대한 분석도 필요하다. 그리고 기업의 향후 기술 개발 또는 설비 투자 계획이나 시장 상황에 등에 대한 고려도 필요하다. 그렇게 하기 위해서는 최대한 많은 정보가 필요하다. 그런데 일반 투자자가 기업 내부에서 일어나는 일에 대해 얼마나 많은 정보를 얻을 수 있을까? 물론 요즘은 정보를 얻을 방법이 많고 점점 더 투명하고 공개적으로 투자 정보를 제공하고 있어서 일반 투자자도 충분히 많은 정보를 얻을 수 있다. 그러나 전문 투자자들과 비교해서는 어떨까? 많은 시간과 노력을 투입해서 정보의 격차를 줄일 수는 있겠지만 그렇다고 해도 상대적으로 불리함에는 변함이 없을 것이다. 더욱이 현실적으로 일반인은 전문 투자자에 비해 많은 시간과 노력을 기울일 수도 없다. 그리고 만약 어떤 방법으로 많은 정보를 얻었다고 하더라도 확신의 문제가 생긴다. 아무리 정보를 많이 얻어 시장 상황이나 기업 경쟁력을 분석했다고 해도 혹시 빠진 정보가 있지는 않을지, 아니면 제대로 판단하고 분석한 건 맞는지 확신을 가지기는 매우 어렵다.

이처럼 일반 투자자가 가치 투자를 하기는 어렵다. 그런데도 단정적으로 일반 투자자는 가치 투자를 해야 한다고 말하는 이유가 있다. 일반 투자자에게 기술적 투자는 거의 불가능하지만, 가치 투자는 어렵기는 해도 불가능한 것은 아니기 때문이다. 부족한 기초 지식은 배우고 점차 확장하면 된다. 부족한 시간은 컴퓨터를 잘 활용하면 매우 높은 수준으로 극복할 수 있다. 그리고 부족한 정보는 어쩔 수 없이 인정해야 한다. 과감하게 버릴 부분은 버리고 부족한 대로 정보를 최대한 활용해서 자신의 투자 방법에 적용할 방법을 찾아야 한다. 그렇게 해도 충분히 만족할 만한 투자 수익률을 올릴 수 있다. 중요한 것은 일반 투자자에게 거의 유일한 투자 방법인 가치 투자를 포기하면 결국 남는 것은 리딩방이나 주변 지인들에게 얻는 정보에 의존하는 '묻지마 투자', 즉 도박뿐이라는 것이다. 노력 없이는 아무것도 얻을 수 없다는 점을 명심하자.

한 번 더 결론을 짓자면, 일반 투자자인 우리가 추구해야 할 방향은 기술적 투자가 아닌 가치 투자다. 그리고 표현하자면 전문가적 가치 투자가 아닌 일반인이 쉽게 할 수 있는 가치 투자다. 이 책에서 나는 위에서 설명한 가치 투자의 어려움을 최대한 쉽게 극복하기 위한 나만의 방법을 소개한다. 끝까지 고찰하면서 천천히 정독하여 충분히 단서를 얻어, 자신만의 최적의 가치 투자 방법을 정립할 수 있기를 바란다.

주식 투자 vs 부동산 투자

결국은 건물주?

어느 날 갑자기 100억 원이 생기면 그 돈을 어떻게 활용할까? 여러 가지 상상을 해볼 수 있지만, 대부분은 우선 건물부터 한 채 사고 본다고 생각하지 않을까? 우리 주변에는 투자의 종착지로 건물주가 되는 것을 목표로 하는 사람이 많다. 나도 아주 현명한 판단이라고 생각한다. 그런데 "왜 결국 건물주인가?"라는 질문을 던진다면 어떻게 대답할 수 있을까? 분명한 목표가 있는 것은 물론 좋지만, 그 본질적인 이유를 아는 것이 더 중요하다. 그래야 평생에 걸친 투자 활동에서 정확한 기준과 확신에 따라 투자할 수 있기 때문이다.

나는 많은 사람이 건물주를 목표로 하는 데 크게 두 가지 이유가 있다고 본다.

상대적으로 낮은 리스크

부동산은 질료의 가치를 포함하며 상상력이 추가될 수 있는 자산이다. 따라서 아무리 가치를 상실해도 결코 남은 가치가 0이 되지는 않는다. 질료의 가치는 영원히 보존되기 때문이다. 그에 반해 주식은 상상력의 가치가 거의 100%에 가깝기 때문에 극단적으로 나쁜 상황을 맞으면 가치가 0으로 떨어질 수 있다. 그래서 주식과 비교했을 때 부동산 투자의 리스크가 더 낮다.

일반적으로 자산의 규모가 커질수록 공격적인 투자로 더 크게 자산을 증식하는 것보다는 이미 소유하고 있는 자산을 지키려는 마음이 커진다. 성향에 따라 정도의 차이가 있지만, 최악의 상황에서도 자산 구조가 완전히 망가지지 않도록 리스크를 관리하고 싶은 마음은 누구나 가지고 있다. 그래서 리스크가 상대적으로 낮은 부동산 자산, 특히 어느 정도 규모의 월세로 기본 생활을 보장해 주는 건물을 소유하고 싶어 한다.

온전한 소유권

부동산은 보통 단독 명의나 부부 공동명의 정도로 매수한다. 간혹 가족, 친지 또는 지인들과 공동 투자를 하는 예도 있지만 매우 소수의 인원으로 구성된다. 즉, 한 부동산 자산에 대해 거의 온전한 소유권을 가진다고 할 수 있다. 토지의 경우 소유권을 매우 잘게 쪼개 지분 투자를 하는 예도 있지만, 이는 논외로 하겠다. 왜냐하면 부동산에서 지분 투자는 피해야 한다는 것은 상식처럼 통하며 그렇게 일반적이지 않은 상황이기 때문이다. 반면 주식은 한 기업에 대한 소유권이긴 하지만 부동산과는 비교할 수 없이 많은 사람이 한 기업의 소유권을 나눠 가진다. 따라서 주주가 되어 기업에 대한 소유권을 가진다고 해도 아주 미미한 지분을 가질 뿐이다.

한 자산에 대해 온전한 소유권을 가지고 있다면 그 자산을 팔거나 빌려주거나 어떻게 하든 본인의 마음이다. 그래서 건물주가 되면 건물의 온전한 소유권자로서 그 건물을 자신의 의지대로 통제하고 활용할 수 있다. 그러나 주식 투자로는 현실적으로 기업의 온전한 소유권자가 될 수 없고 미미한 지분 소유자가 되어 그 기업에 미칠 수 있는 영향력은 거의 없다.

사람은 어떤 자산에 투자할 때 당연히 온전한 소유권을 가지고 싶을 것이다. 그런데 일반 투자자에게 건물주가 되는 것은 꿈과 같은 목표지만 불가능으로 느껴지지는 않는다. 그러나 한 기업의 소유주가 되는 것은 완전히 불가능한 목표일 가능성이 매우 크다. 그렇기 때문에 일반 투자자가 큰 규모로 자산을 키우면 결국 건물주가 되려고 한다.

이렇듯 '결국 건물주'가 많은 사람의 목표인 이유는 상대적으로 낮은 리스크와 온전한 소유권이 가지는 통제력이라고 볼 수 있다. 여기서 내가 내린 결론은 두 가지다.

첫 번째 결론은, 100% 비중으로 주식 투자를 하는 것은 좋지 않다는 것이다. 반드시 건물주가 되지는 않더라도 최악의 상황에서 자산 가치가 0이 되는 상황을 피하기 위해서는 주식에만 투자하면 안 된다. 질료 가치를 포함하는 부동산이나 금 또는 은 자산도 함께 투자해야 한다. 그렇게 해야 가치 소멸 리스크를 피할 수 있다. 나는 전체 투자금의 50% 정도는 부동산 자산에, 10% 정도는 금과 은 자산에 투자하고 그 나머지인 40% 수준으로 주식에 투자하는 것이 좋다고 본다.

두 번째 결론은, 주식은 분산해서 투자해야 한다는 것이다. 일반 투자자가 주식 투자를 통해 한 기업의 단독 소유주가 되기는 불가능하다. 비교적 많은 수량의 주식을 소유하게 되더라도 여전히 기업에 대한 영향력을 가지기는 어렵다. 따라서 소유권의 지분을 늘리는 것은 크게 의미가 없다. 그래서 소수의 주식 종목에 집중적으로 투자하기보다는 여러 종목에 분산 투자하여 리스크를 분산하는 데 중점을 두어야 한다.

주식 투자자와 부동산 투자자

내 경험에 따르면 주식 투자자는 부동산 투자에 거리감을 느끼고, 부동산 투자자는 주식 투자를 별로 좋아하지 않는 경향이 있다. 물론 주식이든 부동산이든 가리지 않고 균형을 잘 유지하며 투자하는 사람도 많지만, 전반적인 경향이 그렇다는 의미다.

주식 투자자의 입장에서 주식은 상황이 좋으면 하루 만에 10% 이상 두 자릿수의 수익률을 얻을 수 있는데, 부동산 투자는 기본적으로 연 단위의 수익률을 논하며 훌륭한 수익률이란 1년에 고작 10~20% 수준이다. 그리고 주식은 빠르면 며칠 만에도 수익을 실현을 할 수 있는 반면 부동산은 수익 실현을 위해서 최소 수개월에서 길게는 수십 년이 걸린다. 주식 투자자에게 부동산 투자는 수익 달성을 통해 얻을 수 있는 짜릿한 자극이 부족하고 투자금 회수에 너무 오랜 시간이 걸리기 때문에 그다지 매력적이지 않을 수 있다.

한편 부동산 투자자 입장에서는 부동산을 통해 투자 손실을 볼 가능성은 극히 희박하며 오랜 시간 장기 투자를 하면 반드시 수익을 안겨줄 것이라는 믿음이 있지만, 주식은 변동성이 너무 커서 큰 수익을 올릴 가능성과 동시에 크게 손실을 볼 가능성도 함께 존재하는 것으로 여겨진다. 특히 주변에서 주식을 통해 어느 정도 수익률을 낸 사람은 있더라도 큰돈을 벌었다는 사람을 실제로 본 적이 없는 경우가 대부분일 것이다. 그래서 부동산 투자자에게 주식 투자는 위험하고 돈을 벌었다는 것은 일회성의 운이며, 장기적으로는 결국 돈을 잃을 수밖에 없는 도박처럼 보일 수 있다.

그러나 주식 투자와 부동산 투자는 본질적으로 모두 투자다. 투자 대상으로 주식과 부동산 중 어떤 종류의 자산을 선택하는지가 다를 뿐이다. 따라서 가장 근본적인 투자 방법은 똑같으며 각각의 자산이 가지는 특성에 따른 표면적인 차이만 있다. 여기서 주식과 부동산의 차이점을 하나하나 열거해서 분석하는 것은 큰 의미가 없을 것 같다. 나의 관점으로 본 그 둘의 가장 큰 차이점을 통해 어떤 투자가 좋을지에 대해 생각해보자.

나는 주식 투자와 부동산 투자의 가장 큰 차이점을 난이도와 접근성에서 찾는다. 난이도 측면에서는 주식 투자가 어렵고 부동산 투자가 쉽다. 그러나 접근성 측면에서는 주식 투자가 좋고 부동산 투자는 좋지 않다. 표현하자면 주식 투자는 어렵지만 혼자서도 할 수 있고, 부동산 투자는 쉽지만 혼자서는 할 수 없다. 그 이유를 좀 더 자세히 설명해보겠다.

먼저 주식 투자와 부동산 투자의 난이도를 비교해보자. 두 가지 투자 모두 좋은 자산을 찾는 것에서 시작한다. 이때 좋은 자산이란 많은 가치를 담고 있는 자산을 의미한다. 따라서 많은 가치를 담고 있는 자산을 찾기 위해서는 자산이 담고 있는 가치를 측정하는 능력이 필요하다. 자산의 가치는 질료와 상상력으로 구성되는데, 질료의 가치는 눈에 보이거나 직접 느낄 수 있기 때문에 측정이 쉽지만 상상력의 가치는 측정이 어렵다. 그래서 상상력의 가치가 거의 100%인 주식의 가치 측정은 어렵지만, 질료 가치를 많이 담고 있는 부동산의 가치 측정은 상대적으로 쉽다. 예를 들면 한 기업이 어떻게 운영되고 있는지, 어떤 기술을 개발하고 있는지, 기업이 얼마나 큰 가치를 담고 있으며 앞으로 얼마나 성장할 수 있을지를 직접 보고 측정하기는 매우 어렵다. 반면 부동산은 터가 좋은지, 건물이 잘 지어졌는지, 주변 인프라는 잘 갖춰졌는지, 주변에 새로운 시설이 들어서고 있는지 등 눈으로 직접 볼 수 있는 부분이 많다. 따라서 부동산의 가치 측정이 상대적으로 쉬운 편이다.

가치를 측정하고 나면 다음으로 가격을 산정해야 한다. 여기서도 주식 투자는 어렵고 부동산 투자는 쉽다. 왜냐하면 가격을 산정하는 가장 쉬운 방법은 현재 시장가격을 기준으로 비교하는 것인데, 주식의 시장가격은 비교가 어렵고 부동산은 쉽기 때문이다. 주식은 시장가격이 매 순간 변하며 완전히 같은 규모로 같은 실적을 올리는 기업을 찾아서 비교하는 것도 불가능하다. 따라서 다른 어떤 방법으로 가격을 산정해야 하지만, 부동산은 단기간의 시장가격이 크게 변하지 않고 1:1로 가격을 비교할 수 있는 대상이 많다. 특히 아파트 같은 경우 비교할 수 있는 대상이 많다. 그래서 부동산은 가격 산정이 상대적으로 더 쉽다. 이런 이유로 난이도를 비교했을 때 주식 투자는 어렵고 부동산 투자는 쉽다고 할 수 있다.

이번에는 접근성 측면에서 주식 투자와 부동산 투자를 비교해보자. 일단 주식 투자는 부동산 투자 대비 상대적으로 적은 돈으로 투자할 수 있어서 접근성이 더 좋다. 또한 주식 투자는 스스로 모든 것을 할 수 있다. 주식 거래는 유가증권시장이나 코스닥시장처럼 정해진 시장에서 이루어지고, 상장기업 리스트에서 스스로 대상을 선택하며, 재무 정보 등의 필요한 정보도 혼자서 찾아낼 수 있다. 그러나 부동산 투자는 주식 투자 대비 상대적으로 많은 돈이 있어야만 투자가 가능하기 때문에 기본 진입 장벽이 존재한다. 또한 반드시 다른 사람들의 도움이 필요하다. 투자 대상 자산을 찾을 때는 부동산 중개업자의 도움이 필요하고, 거래할 때도 대부분의 경우 최소한 법무사의 도움이 필요하다. 그 외에도 모든 투자 과정에서 다른 사람의 도움을 얻어야 하는 부분이 많다. 이처럼 부동산 투자를 하기 위해서는 일정 수준의 돈과 다른 누군가의 도움이 없으면 시작조차 할 수 없다. 이런 이유로 주식 투자는 혼자서 할 수 있지만, 부동산 투자는 혼자서는 할 수 없으며, 결론적으로 주식 투자는 접근성이 좋고 부동산 투자는 접근성이 좋지 않다고 할 수 있다.

이러한 차이점을 기준으로 자신의 목표와 성향에 따라 주식 투자와 부동산 투자의 적절한 비율을 결정할 필요가 있다. 어렵더라도 최대한 상상력을 발휘해서 공격적인 투자를 하고 싶을수록, 가급적 남에게 의존하지 않고 스스로 모든 것을 다 해결하려는 성향일수록 주식 투자에 더 높은 비중을 두고 반대인 경우는 부동산 투자에 더 높은 비중을 두는 식으로 기준을 정하면 좋다. 앞서 나는 전체 투자금의 40% 정도를 주식에 투자하고, 50% 정도는 부동산에 투자하는 것을 권장했는데, 자신의 목표와 성향에 따라 주식에 30~50%, 부동산에 40~60% 정도로 유연하게 비중을 설정하면 좋을 것이다. 우선은 자신의 목표를 분명히 하고 성향을 잘 알아야 적절한 비율로 균형감 있는 투자를 할 수 있다.

한국 주식 vs 미국 주식

어디에 투자할까?

국내 거주자는 보통 국내 주식 위주로 투자를 하지만 점점 해외 주식에 투자하는 사람도 많아지고 있다. 특히 미국 주식에 점점 많이 투자하고, 국내 주식보다 미국 주식에 투자해야 한다고 주장하는 사람도 많아지는 추세다. 국내 주식과 해외주식, 어느 주식에 투자하는 것이 좋을까? 당연히 정답은 없으므로, 우선 각각의 특징과 장단점을 비교하면서 판단해볼 필요가 있다. 여기서 해외 주식은 미국 주식으로 한정하겠다. 그리고 비교하는 기준은 사람마다 다를 것이므로, 어떤 사람에게 장점으로 느껴지는 부분이 다른 사람에게는 단점으로 보일 수도 있음을 잊지 말자. 중요한 것은 여기서 비교하는 기준을 참고해서 자신만의 철학과 기준을 정립하는 것이다.

나는 다음의 요소들로 판단했다.

1) 안정성

2) 수익성

3) 접근성

어떤 요소는 정량적으로 판단할 수 있지만, 또 어떤 요소에 대해서는 철저히 나의 주관적인 판단에 근거한다는 것을 미리 밝힌다.

각각의 요소에 대한 나의 판단은 다음과 같다.

1) 안정성

투자는 안정적인 곳에 해야 한다. 안전하지 않은 투자는 진정한 투자가 아니고 투기일 가능성이 크다.

먼저 시장 규모에 대해 생각해보자. 한국 주식 시장의 규모는 전 세계 주식시장의 2% 수준이고 미국 주식 시장의 규모는 전 세계 주식시장의 40% 이상이다. 즉, 시장 규모는 미국 주식 시장이 한국 주식 시장보다 20배 이상 크다고 할 수 있다. 시장 규모가 클수록 더 많은 거래가 이루어지고 더 많은 참가자가 있다. 그 결과 더 큰 시장은 더 이성적이고 안정성 있게 돌아가게 된다. 따라서 안정성 측면에서 시장 규모를 생각했을 때 미국 주식 시장이 한국 주식 시장보다 더 좋다. 이는 "큰물에서 놀아라"라는 격언에도 잘 맞다.

다음으로 금융 시스템 자체의 선진성이다. 금융 시스템이 선진적이라는 것은 그만큼 더 안정적인 것으로 생각할 수 있다. 한국 주식 시장의 역사는

60년이 넘은 정도지만, 미국 주식 시장의 역사는 200년이 넘는다. 역사가 길다는 것은 그만큼 오랜 경험을 통해 개선되고 발전해왔다는 의미로 볼 수 있다. 한국 기업이든 미국 기업이든 분식회계 문제는 끊임없이 발생하지만 아무래도 역사가 훨씬 더 긴 미국 시장이 기업들에 대한 감시 체계 등 시스템이 선진화되어 있을 가능성이 높다. 따라서 금융 시스템의 선진성을 봤을 때도 미국 주식 시장이 한국 주식 시장보다 더 좋다고 할 수 있다.

2) 수익성

성향에 따라 안정성보다 수익성을 더 중요하게 여길 수도 있다. 투자에서 수익성은 절대적으로 중요한 기준이다.

수익성은 어떤 종목에 투자했는지에 따라 결과가 크게 달라지기 때문에 정량적인 비교는 불가능하다. 그래서 단순히 지수로 크게 봤을 때, 국내 최대 주식 시장인 코스피 시장은 박스피라는 오명을 얻을 정도로 역사적으로 꾸준히 상승하는 모습을 보여주지 못했다. 반면 미국 주식은 꾸준히 우상향하는 모습을 보여줬고 일반적인 인식 또한 미국 주식은 앞으로도 꾸준히 오를 것이라고 믿는다.

투자자 입장에서 좋은 기업은 결국 돈을 잘 버는 기업이다. 돈을 잘 번다는 것은 그만큼 많은 가치를 만들어내는 능력이 있다는 의미다. 여기서 기업이 만들어내는 가치란 상상력의 가치다. 사람은 미래를 긍정적으로 볼 때 상상력을 발휘하려고 하고 반대의 경우 눈에 보이는 질료에 의존하려는 본능이 있다. 2000년대 초반의 조금 오래된 자료이지만 한국과 미국의 가계 자산 구성을 보면, 한국은 부동산과 금융자산 비율이 80:20 정도 되고, 미국은 35:65 정도의 비율로 금융자산에 훨씬 더 많은 투자를 했다. 그만큼 미국인들은 미국의 금융 시스템을 믿고 있으며 미국 기업들의 미래를 긍정적으로 보고 있다는 의미로 이해할 수 있다. 많은 사람이 미국 기업의 상상력 가치를 생산해내는 능력을 믿는 것이다. 실제로 포브스 선정 글로벌 100대 기업 등의 보고서에서도 미국에 훌륭한 기업이 가장 많다. 결론적으로 미국이 한국보다 돈을 잘 버는 좋은 기업이 많고, 그에 따라 미국 주식에 투자하는 것이 수익성이 좋을 확률이 높다.

한편 투자를 통해 수익을 올리면 세금이 발생하는데, 자산 규모가 커질수록 세금에 대해서도 많이 고민해야 한다. 주식 투자로 인해 발생하는 세금에는 크게 배당소득세와 양도소득세가 있는데, 미국 주식이 국내 주식보다 세율이 더 높다. 배당소득세는 국내 주식 15.4%, 미국 주식 15%로 국내 주식에 대한 세율이 조금 더 높지만 큰 차이가 나지는 않는다. 양도소득세는 국내 주식은 대주주가 아닌 이상 부과되지 않지만, 미국 주식은 22%로 매우 높은 편이다. 국내 주식에 대해서도 향후 양도소득세를 부과할 예정이지만 기본 공제 금액에 큰 차이가 있어 결국 세금 측면에서는 국내 주식이 더 유리하다. 그러나 세금 무서워서 돈을 안 벌고 싶다는 사람은 없으리라 생각하기 때문에 세금 문제에 큰 비중을 두고 싶지는 않다.

3) 접근성

투자는 항상 쉽고 간단해야 한다는 것이 나의 기본적인 투자 철학이다.

즉, 접근성이 좋아야 한다는 생각이다. 여기서 접근성이란 곧 편의성을 뜻한다. 아무리 좋은 투자처라 해도 접근성이 좋지 않으면 투자하기 쉽지 않기 때문이다.

먼저 거래 방법에 대해 생각해보자. 아무래도 우리에게는 국내 주식이 거래 방법이 더 간단할 수밖에 없다. 그러나 해외 주식 투자 인구가 점점 늘어나면서 요즘은 거래 편의성에는 별 차이가 없을 것 같다. 미국 주식 거래도 국내 주식 거래와 거의 동일한 방법으로 할 수 있고 편의성에서 크게 떨어지지 않는다.

다음은 거래 시간이다. 국내 거주자로서는 국내 주식은 일상생활 시간 동안 거래되지만, 미국 주식은 시차 때문에 보통 잠을 자는 시간 동안 거래가 이루어진다. 따라서 주가의 실시간 변동과 빠른 매수·매도가 필요한 기술적 투자자에게는 미국 주식이 불리할 수 있다. 하지만 가치 투자자에게는 주가의 실시간 변동이 전혀 중요하지 않기 때문에 거래 시간은 별로 문제가 되지 않는다. 매수·매도 가격을 미리 책정하여 주문을 예약해두면 되기 때문이다. 개인적으로 미국 주식은 실시간 주가가 궁금해서 찾아보게 되는 본능을 자연스럽게 피할 수 있기 때문에 오히려 더 좋다고 생각한다.

가장 중요한 부분은 정보 접근성인데, 한국 기업은 이름만 들어도 어떤 회사인지 또는 크고 좋은 회사인지 알 수 있는 경우가 많지만, 미국 기업은 잘 모르는 경우가 많다. 그리고 당연히 뉴스로 자연스럽게 접할 수 있는 정보도 한국 기업이 훨씬 많다. 직접 검색을 통해서 필요한 정보를 얻기에도 한국 기업이 더 편하다. 특히 가치 투자를 하기 위해서는 기업의 펀더멘털을 주기적으로 확인할 필요가 있는데 이러한 측면에서는 국내 주식이 미국 주식보다 훨씬 유리하다.

이렇게 각각의 요소를 비교해보면 전반적으로 가치 투자자에게는 국내 주식보다 미국 주식에 투자하는 것이 장점이 더 많은 것 같다. 그 외에도 미국 주식 투자에 또 다른 장점이 있는데, 그것은 바로 통화다. 미국 주식은 달러화로 거래된다. 그래서 미국 주식 투자를 하는 동안 달러 화폐를 보유하게 된다. 미국 달러화는 기축 통화로 세상에서 가장 안전한 화폐다. 따라서 미국 주식에 투자하면 경제 위기, 특히 글로벌 금융 위기 등에서 환율 리스크를 최소화하는 효과를 얻을 수 있다. 이런 이유로 나는 미국 주식 80%, 국내 주식 20%로 미국 주식에 더 많은 비중을 둔다.

모든 투자는 자신의 성향과 철학에 맞도록 해야 한다. 나는 국내 주식과 미국 주식 중에서 미국 주식에 더 큰 장점이 있고 나의 성향과 철학에도 잘 부합된다고 판단하여 미국 주식 위주로 투자한다. 먼저 스스로 어떤 성향과 철학을 가졌는지 잘 생각해보고 투자처의 특징과 장단점을 판단해서 투자 비중을 설정할 필요가 있다.

마지막으로 주식 투자자로서 국내 또는 미국 주식 어느 한쪽에 100% 비중을 두는 것은 바람직하지 않다는 점을 강조하고 싶다. 앞으로 주식 시장이 어떤 식으로 흘러갈지는 아무도 알 수 없고, 혹시 있을지 모르는 극단적인 형태의 변동성에 대비하기 위해 분산이 필요하기 때문이다. 개인적으로는 나의 투자 비중인 미국 주식 80%, 국내 주식 20%는 아주 추천할 만하다고 생각한다. 비유하자면 미국 주식은 금 또는 서울 아파트, 국내 주식은 은 또는 지방 도시 아파트 정도로 생각할 수 있을 것 같다.

자산은 분산하되, 더 좋은 자산에 더 많은 비중을 두는 것이 리스크를 줄이는 차원에서 더 유리하다.

주식투자의 원칙 세우기

투자의 절대 원칙

"절대로 돈을 잃지 마라."

아주 쉽고 단순한 말이지만 한편으로는 조금 추상적이다. 그래서 쉽게 지나칠 수 있지만, 사실 이 원칙은 투자의 모든 것을 담고 있다. 주식뿐만 아니라 어떤 종류의 투자에 적용해도 기본 원칙으로 부족함이 없다. 하지만 워런 버핏과 같이 전문 투자자가 아닌 일반 투자자에게는 조금 더 구체적인 기준이 될 원칙이 필요하다. "절대로 돈을 잃지 마라"라는 원칙으로부터 일반 투자자가 투자의 절대 기준으로 삼을 만한 원칙을 세워보자.

먼저 '절대로'라는 말을 생각해보자. 당연히 투자하면서 돈을 잃고 싶은 사람은 없을 것이다. 그렇지만 항상 성공만 하는 투자는 실현하기 어렵다.

당연히 실패할 때도 있는 법이다. 그럼에도 불구하고 '절대로'라는 말을 쓰는 것은 어떤 의도일까? 아마도 그만큼 필사적이고 진지하게 투자를 대하라는 의미일 것이다. 많은 투자자가 큰 고민 없이 주식을 사고판다. 조금만 이익이 나도 팔고, 반대로 조금만 떨어져도 쉽게 손절한다. 그렇게 해서는 안 된다는 말이다. 우선 필사적이고 진지하게 투자 대상을 찾아야 한다. 그리고 신중하게 정성을 다해서 매수해야 하며, 매수한 자산에 대해서 주인 의식과 관심을 가져야 한다.

다음으로 '돈을'에 대해서 생각해보자. '돈'은 가치가 아닌 가격의 관점이다. 투자에서 '가치'가 가장 중요한 요소지만 '가격' 또한 무시할 수는 없다(특히 공격적 투자를 할 때는 더더욱 그렇다). 특정 시점에서 한 자산이 담고 있는 가치는 정해져 있지만, 가격은 가치를 완벽하게 반영하는 절댓값이 아닌 심리에 따라 오르내리며 변하는 값이다. 따라서 그 자산에 투자할 때, 즉 매수할 때 가격은 가치에 비해 싸거나 적당하거나 비싼 세 가지 경우 중 하나일 것이다. 이때 '가격'의 관점에서 돈을 잃지 않기 위해서는 최대한 싸게 사야 한다. 최소한 세 가지 가능성 중에 비싸게 사는 것은 반드시 피해야 한다. 비싸게 살수록 돈을 잃을 확률은 커진다.

마지막으로 '잃지 마라'를 생각해보자. 투자에서 돈을 '잃는' 것은 의도치 않게 자산에 대한 소유권을 상실하는 경우와 스스로 손실을 인정하고 매수한 금액보다 낮은 가격에 매도하는 경우 두 가지이다. 그중에서 의도치 않게 소유권을 상실하는 경우는 전쟁, 범죄, 재난이나 파산, 부도 같은 특수한 상황에서 발생한다. 이러한 특수한 상황은 개인이 통제할 수 없고 처음부터 최대한 신중하게 많은 경우의 수를 생각하며 리스크를 줄이는 방법밖에 없다. 조금은 운이 좋기를 바라야 한다. 더 중요하게 생각해야 하는 부분은 스스로 손실을 확정하는 두 번째 경우다. 외부적인 특별한 압력이 없는 한 내가 자산을 매도하지만 않으면 돈을 절대로 잃지 않는다. 따라서 돈을 잃지 않기 위해서는 손실을 확정 짓지 않고 기다릴 수 있어야 한다.

이렇게 해서 정리할 수 있는 투자의 원칙은 다음과 같다.

1) 좋은 자산을 찾는다.

2) 싸게 산다.

3) 충분히 기다린다.

주식이든 부동산이든 마찬가지다. 우선 투자 대상 자체가 정말 좋은 자산이어야 한다. 큰 가치를 담고 있으며 쉽게 가치를 상실하지 않는 견고함을 지닌 좋은 자산을 찾는 데서부터 시작해야 한다. 그리고 아무리 좋은 자산이라도 비싸게 사면 의미가 없다. 절대적 기준으로 비록 안 좋은 자산이라도, 싸게 사면 최소한 앞으로 나에게 이득을 주는 자산이 될 가능성은 있다. 그러나 아무리 좋은 자산이라도 비싸게 사면, 최소한 향후 일정 기간 나에게 확정적으로 손실을 끼칠 자산이다. 또한 좋은 자산을 싸게 샀으면 그 자산의 가치가 성장하고 심리가 집중되어 가격이 오를 때까지 충분히 기다려야 한다. 좋은 자산을 싸게 사서 충분히 기다리면 절대로 돈을 잃지 않는 투자를 할 수 있다.

마지막으로 한 가지 덧붙이면, 투자에서는 돈을 버는 것보다 잃지 않는 것이 더 중요하다. 아무리 투자로 돈을 많이 벌어도 단 한 번의 손실로 모든 것을 잃을 수 있다. '남들이 다 벌고 있을 때 나도 벌고, 남들은 다 잃고 있을 때 나는 잃지 않는 것'이 우리가 주식 투자에서 추구해야 하는 방향이다.

멘탈을 잡는 작은 다짐

주식 투자를 하면서 겪게 되는 가장 큰 어려움은 '불안함 극복'이다. 아무리 확신을 가지고 좋은 주식을 싸게 샀더라도 주가가 오랫동안 제자리걸음을 하거나 오히려 하락하면 불안함을 느낄 수밖에 없다. 내가 고른 주식이 진짜 좋은 자산인지, 내 매수가격이 정말 싼 금액이 맞는지 의심하며 점점 자신감이 떨어지게 된다. 이런 현상은 사람의 본능에 따라 자연스럽게 나타나는 것이며, 이때의 불안한 마음을 잘 다스려야 투자에서 성공할 가능성을 높일 수 있다.

불안한 마음을 근본적으로 잘 다스리기 위해서는 오랜 공부와 경험으로 자신의 실력에 절대적인 자신감을 가져야 한다. 그러나 그 누구도 처음부터 실력이 좋을 수는 없고 자신감을 가지기도 쉽지 않다. 그렇게 되기 위해서는 상당히 큰 노력과 시간이 필요하다. 특히 절대적인 시간 투입과 경험이 부족한 일반 투자자들이 자신의 실력에 자신감을 가지게 되기는 단순히 어렵다는 표현으로는 부족하다.

여기서는 근본적인 해결책은 아니지만 불안함을 조금은 줄여줄 수 있는 나의 방법을 소개한다. 멘탈을 다스리기 위한 나의 작은 다짐들은 다음과 같다.

1) 숫자만 믿는다.

2) 매매 주문은 예약으로만 한다.

3) 장중에는 주가를 확인하지 않는다.

위의 다짐들이 불안한 마음을 다스리는 데 도움이 되는 이유는 다음과 같다.

1) 숫자만 믿는다

나는 전문가가 아니다. 내가 수집한 정보로 분석한 결과를 절대적으로 신뢰하고 확신하기는 어렵다. 전문가들의 분석도 못 믿는 경우가 많은데 어떻게 비전문가인 나의 분석에 스스로 확신을 가지겠는가?

수많은 투자의 대가들이 중요하게 여기는 '경제적 해자'를 예로 들어보자. 경제적 해자는 다른 표현으로 진입 장벽이라고도 할 수 있다. 예를 들어 코카콜라는 레시피는 비밀이기에 누구도 완벽하게 똑같은 맛을 낼 수 없다. 그리고 콜라 중에는 코카콜라가 가장 맛있다는 인식을 대중들에게 심어놓았기 때문에 그 팬덤을 무너트리고 시장에서 그보다 더 강력한 브랜드를 만들기란 불가능에 가까워 보인다. 그러한 경제적 해자를 갖춘 기업이 좋다고 한다. 그런데 누군가의 설명을 듣고 보면 '그렇구나' 하겠지만 스스로 어떤 기업의 경제적 해자를 알아보기는 결코 쉽지 않다. 만약 내가 어떤 기업에 대해 경제적 해자를 매우 잘 분석했다 하더라도 얼마나 그 결과를 신뢰할 수 있을 것인가?

경제와 산업의 주기나 흐름도 마찬가지다. 전문가들의 조언에 따르면 성공적인 주식 투자를 위해서는 여러 가지 시장 지표와 정치, 경제, 국제관계 등의 요소를 분석하고 특정 산업군의 성장을 예상할 수 있어야 한다고 말한다. 그런데 그렇게 하기 위해서는 반드시 주관적으로 판단해야 하는 요소들이 있고 그 과정에서 전문가적 지식과 통찰력이 필요하다. 하지만 나는 전문가가 아니고 지식, 경험, 통찰력 모든 부분에서 부족하다.

그래서 나는 오로지 숫자만 믿는다. 여기서 숫자는 재무제표를 의미한다. 주식 시장에 상장된 기업들은 정해진 시기마다 성실하게 재무제표를 공시할 의무가 있다. 그리고 기업의 재무제표는 여러 가지 금융 제도와 기준에 따라 감사를 받게 되어 있다. 물론 분식회계 같은 문제는 끊이지 않지만, 투자에서 그런 특수한 리스크를 완전히 배제할 수는 없는 노릇이다. 따라서 장기간의 재무제표를 참고하여 리스크를 줄이는 시도가 필요하다. 어쨌든 숫자라는 정확한 기준은 주관적인 생각으로 내린 결론보다 훨씬 더 믿고 의지할 수 있다.

2) 매매 주문은 예약으로만 한다

주식 거래를 하기 위해서는 매수 또는 매도 주문을 넣어야 한다. 그런데 장중에 주문을 넣으면 마음이 흔들릴 가능성이 크다.

매수 주문을 넣을 때 주가가 오르고 있다면 조금 더 높은 금액으로 주문해야 체결이 될 것 같은 생각이 든다. 반대로 주가가 내리고 있다면 주문가를 더 낮춰야 할 것 같고 어떻게든 바닥 금액에 매수하고 싶은 욕심이 생긴다.

매도 주문을 넣을 때, 주가가 오르고 있다면 팔고 나서 더 오를 것 같아서 쉽게 주문을 넣지 못한다. 반대로 주가가 내리고 있다면 매도가를 낮춰서라도 빨리 팔아야 한다는 초조함이 생긴다.

이렇게 매매 주문을 넣는 순간에 실시간으로 변하는 주가를 보고 있으면 마음도 따라서 움직인다. 그 결과 남게 되는 것은 만족감보다 아쉬움이나 후회인 경우가 많다. 그래서 나는 반드시 예약 기능으로 미리 매수나 매도 주문을 넣는다. 보통 매월 1일 한 달 기간으로 매매 주문을 넣는다. 그리고 기간 중 매수 체결된 종목에 대해서는 즉시 매도 주문을 기간 예약한다. 그렇게 하면 주가의 실시간 변화에 마음이 흔들리는 것을 방지할 수 있다.

3) 장중에는 주가를 확인하지 않는다

예약 기능으로 매매 주문을 하면 실시간 주가 변화에 영향을 덜 받는다. 그런데 그 말은 매매하는 시점에 마음이 영향을 받지 않는다는 의미이지, 주식 투자 전체를 놓고 봤을 때의 마음이 영향을 받지 않는다는 의미가 아니다.

주가는 거래되는 모든 시간, 즉 장중에는 항상 등락이 있다. 그런데 거래일 시초가가 그날의 최고점 또는 최저점이 될 가능성이 얼마나 있을까? 또는 거래일 종가가 그날의 최고점 또는 최저점이 될 가능성은 얼마나 있을까? 물론 그렇게 되는 것이 가능하지만 훨씬 더 큰 확률로 그날의 최고점과 최저점은 장중에 나온다.

그날의 주가 최고점과 최저점을 거래 시간이 끝나고 나서 확인하는 것과 장중에 실시간으로 확인하는 것은 표면적으로는 같지만, 마음에 주는 영향은 다르다. 장이 종료된 후 그날의 최고점과 최저점을 확인하면 '이만큼 올라갔었구나(또는 내려갔었구나)' 정도로 생각하게 된다. 그러나 장중에 주가를 확인하면, 주가가 오르고 있으면 계속 오를 것 같고 떨어지고 있으면 계속 떨어질 것 같은 마음이 생긴다. 더 오를 것 같은 생각이나 더 내릴 것 같은 생각, 즉 그 주식의 주가 변동에 대해 관성을 포함하는 이미지가 생긴다. 그러한 이미지가 많이 쌓이면 마음을 잘 다스릴 수 없고, 주가가 하락하면 확신은 점점 불안함으로 바뀌고 주가가 상승하면 점점 자만하게 되어 리스크를 과소평가하는 잘못을 저지르게 될 가능성이 크다.

현실적으로 주식 투자를 하면서 장중에는 전혀 주가 확인을 하지 않기는 쉽지 않다. 그러나 가치 투자자라면 장중 주가 확인을 최소화하는 노력을 꾸준히 해야 한다. 실시간으로 주가 변동을 확인해서 대응하는 것은 기술적 투자자의 영역이다. 또한 실시간으로 변하는 것은 그날 그 순간 사람들의 심리에 따라 변하는 주식의 '가격'이지 그 기업의 '가치'는 아니라는 것을 명심하자.

마지막으로 잠깐 다른 이야기를 하자면, 이런 측면에서 미국 주식이 한국 주식보다 마음을 다스리기 유리하다. 실제로 나의 경우 한국 주식에 비교하면 미국 주식의 실시간 주가 확인 빈도는 0에 가깝다.

흔한 궁금증

왜 내가 사면 내리고 팔면 오를까?

주식 투자를 해본 사람이라면 누구나 한 번쯤은 이렇게 생각해봤을 것이다. '왜 내가 사면 내리고 팔면 오를까?' 질문을 조금 바꿔보자. 내가 사고 나서 내리지 않고, 팔고 나서 오르지 않으려면 어떻게 해야 할까? 그렇게 하기 위해서는 주가의 최저점에서 사고 최고점에서 팔아야 한다. 따라서 처음 질문에 대한 답은 매우 간단하다. 내가 최저점에서 사고 최고점에서 팔지 않았기 때문에, 내가 사면 내리고 팔면 오르는 것이다. 물론 누구나 최저점에서 매수하고 최고점에서 매도하고 싶겠지만, 그렇게 하는 것은 현실적으로 불가능하다. 그래서 흔히 "무릎에서 사서 어깨에서 팔라"는 말을 하는 것이다. 그런데 주가가 올라주기만 한다면 어깨에서 파는 것은 그렇게 어렵지 않다. 특히 이후에 설명할 '씨앗 전략'을 따른다면 매도는 큰 문제가 되지 않는다. 문제는 매수다. 매수 또한 주가 계산을 잘 해냈다면 무릎에서 사는 것 자체는 그렇게 어렵지 않다. 그런데 주식투자를 하다 보면 무릎에서 샀지만, 고통의 시간을 보내야 하는 상황이 발생한다. 다음 그림을 보자.

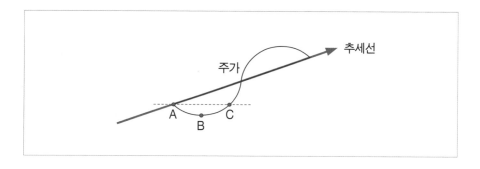

주가는 항상 파동형으로 등락하면서 추세선을 따라간다. 위 그림에서 B점은 주가의 최저점이고, A점과 C점은 동일한 가격으로 흔히 말하는 무릎 정도 되는 가격이다. B점을 정확히 맞추기는 불가능하므로 우리는 A, C점 정도에서 주식을 매수하게 된다. 그런데 A점과 C점의 금액은 같지만, A점에서 매수하는 것과 C점에서 매수하는 것은 완전히 다르다. A점에서 매수하면 B점을 거쳐 C점을 통과하기까지 고통의 시간을 거쳐야 한다. 반면 C점에서 매수하면, 매수한 시점 이후의 시간만 생각했을 때 최저점에서 매수한 것이나 마찬가지다. 따라서 고통을 겪지 않고 오로지 즐거운 시간만 보낼 뿐이다(물론 그렇게 하더라도 미세한 파동에 의해 주가가 나의 매수가보다

일시적으로 내려가는 상황을 완전히 피할 확률은 거의 없을 것이다).

위와 같은 이유로 주식 투자를 함에 있어 우리는 두 가지를 항상 염두에 두어야 한다.

첫째, "내가 매수한 주식의 주가가 내려가는 것은 당연하다."

정말 운이 좋아서 그야말로 더 이상 없는 최저점에서 매수한 것이 아니라면 주가는 무조건 나의 매수가보다 내려간다. 주가가 내려가는 것은 당연한 현상이니 내가 산 주식의 주가 하락에 너무 마음 쓰지 말자.

둘째, "가능한 올라오는 무릎(C점)에서 매수하거나 분할 매수하자."

앞의 그림에서 보는 것과 같이 A점보다 C점에서 매수하는 것이 당연히 좋다. 따라서 가능한 C점에서 매수하려는 노력이 필요하다. 그런데 특히 지식과 경험이 부족한 일반 투자자들 입장에서 A점과 C점을 구분하기는 절대로 쉽지 않다. 오랜 시간의 공부와 경험을 통해 능력을 점점 키워가야 한다. 그래서 처음에는 어느 정도 최저점에 가까운 무릎 정도 되는 주가라는 판단이 서면 분할해서 매수하는 것이 좋다. 만약 A점에서 분할 매수를 하기 시작했다면 결과적으로 평균 매수 단가는 무릎 이하의 가격으로 맞춰지고, A점에서 C점까지 가는 시간 동안 느낄 고통을 매우 크게 줄일 수 있다(성격에 따라 어쩌면 전혀 고통을 느끼지 않을지도 모른다).

주가가 우상향하는 이유

긴 시간을 놓고 봤을 때 주가는 항상 우상향한다. 그렇기 때문에 우리는 주식을 좋은 투자처로 믿고 투자할 수 있다. 그런데 주가는 왜 우상향할까? 그 이유를 알면 우리는 조금 더 자신 있게 확신하며 투자할 수 있다. 이번에는 주가가 계속 오르는 이유를 생각해보자. (주가가 오르는 이유는 다양하지만 여기서는 내가 생각하는 가장 본질적인 부분만 다룬다.)

기업이 하는 일은 가치를 만들고 제공하여 돈을 버는 것이다. 존재의 목적이 돈을 버는 것이기 때문에 현재 충분히 많은 돈을 벌고 있더라도 더 많은 돈을 벌기 위해 노력한다. 신기술을 개발하거나 적용하고 생산량을 늘리고 효율을 높이는 등의 노력을 하는 것이다. 돈을 더 번다는 것은 실적이 좋아진다는 의미이고 실적이 좋아지면 가치가 높아지기 때문에 주가는 오른다. 결론적으로 기업은 실적을 높이려는 노력을 꾸준히 하므로 주가도 점점 우상향하는 것이다.

공부하는 학생을 예로 들어보자. 성실하게 열심히 공부하는 학생은 성적이 오른다. 그 학생이 똑똑하든 그렇지 않든 열심히 공부하면 성적은 반드시 오른다. 그런데 학생 중에서는 열심히 공부하는 학생보다 게으름을 피우는 학생이 더 많다. 그렇지만 기업은 다르다. 대부분 기업은 게으름을 피우지 않는다. 열심히 일하고 필사적으로 실적을 올리기 위해 노력한다. 그래서 주식 투자가 할 만한 것이다.

그렇지만 주의해야 할 점도 있다. 공부는 하지 않고 부정행위로 성적을 올리려는 학생이 있듯이, 기업 중에도 간혹 일은 열심히 하지 않고 주가만 높이려는 기업이 있다. 흔히 말하는 '작전주'에서 많이 볼 수 있는데, 그러한 기업을 잘 걸러내야 한다. 정해진 방법이나 공식이 있지는 않지만 그러한 기업은 몇몇 특징을 가지는데, 대표적으로는 기업명을 자주 바꾸고 전환사채를 끊임없이 발행한다는 것이다. 이는 주식 투자자로서, 특히 가치 투자자로서 반드시 피해야 하는 투자처이기 때문에 주의해야 한다.

결론을 정리하면 다음과 같다.

첫째, 성실하게 열심히 공부하는 학생(열심히 일하는 기업)을 찾아야 한다. 사실 대부분 기업이 열심히 일하고, 특히 이후에 설명할 좋은 기업을 발굴하는 방법을 따른다면 어렵지 않다.

둘째, 열심히 공부하는 학생 중에서 더 똑똑한 학생(돈 버는 능력이 더 좋은 기업)을 찾는 것이 좋다. 똑같이 열심히 일하더라도 돈 버는 능력이 더 좋은 기업이 더 잘 성장할 수 있다. 따라서 그런 기업에 투자할수록 좋은 결과를 기대할 수 있다.

셋째, 공부는 하지 않고 부정행위로 성적을 올리려는 학생(큰 실적을 내기 위한 노력은 하지 않고 온갖 작전으로 한탕 크게 돈을 벌 목적으로 경영하는 기업)은 반드시 걸러내야 한다. 작전주를 통해 한두 번 수익을 올릴 수는 있을지라도 반복하다 보면 반드시 실패한다. 애초에 접근조차 하지 않는 것이 좋다.

분산 투자 하면 수익률이 낮아지지 않을까?

"계란을 한 바구니에 담지 마라"라는 주식 격언이 있다. 분산 투자를 하라는 의미이다. 그런데 분산해서 투자하면 결국 본전이 되는 것이 아닐까? 혹은 종합 수익률은 결국 낮아지지 않을까? 주식 투자자라면 한 번쯤은 가져봤을 법한 질문일 것이다.

먼저 첫 번째 질문에 대해 생각해보자. 분산 투자 해서 결과가 본전이 된다는 것은, 어떤 종목에서는 수익을 올리고, 또 어떤 종목에서는 손실을 보면서 결과적으로는 수익이 없다는 말이다. 그러나 그렇게 질문하는 것은 "절대로 잃지 않겠다"는 주식 투자자의 마인드가 아닌, "따거나 혹은 잃거나"라는 도박꾼의 마인드에 가깝다. 절대로 잃지 않는다면 어떤 종목에서는 큰 수익을, 또 어떤 종목에서는 더 큰 수익을 올리게 되므로 결과가 본전이 될 일은 없다.

두 번째 질문은, 확실한 한 종목에 집중 투자 하면 여러 종목에 분산 투자 하는 것보다 더 큰 수익을 올릴 수 있지 않을까 하는 생각에서 나온다. 그러나 주식 투자에서 확실히 주가가 상승할 종목을 찾는 것은 가능할 수도 있으나, 확실히 주가가 '다른 종목보다 크게' 상승할 종목을 찾는 것은 불가능하다. 따라서 한 종목(또는 소수 종목)에 집중 투자 해서 수익률을 높이는 것은 불가능하며, 바꿔 말하면 분산 투자가 수익률을 낮게 만드는 것이 아니다.

다음처럼 가정해보자. 1년에 10% 정도 상승할 것으로 기대되는 유망한 5개의 투자 종목이 있고 투자금은 100만 원이 있다. 이때 투자자는 가장 유망하다고 보이는 한 종목에 100만 원을 모두 투자할 수도 있고, 5개의 종목에 20만 원씩 분산 투자할 수도 있다. 한 종목에 투자했을 경우 가장 좋은 상황은 짧은 시간에 기대 투자 수익률을 달성하여 투자금을 회수하고, 아직 목표 수익률을 달성하지 못한 다른 종목에 재투자하는 것이다.

최악의 상황은 기대에 못 미쳐 1년이 지나도 목표 수익률을 달성하지 못하는 것이다. 그런데 우리는 유망한 종목 중 어떤 종목이 예상보다 빠르게 투자 수익률을 달성할 수 있을지 알 수 없다. 내가 선택한 종목이 다른 종목보다 빠르게 투자 수익률을 달성하기를 바라는 수밖에 없다. 같은 조건을 5종목 분산 투자의 경우로 가정하면 가장 좋은 상황은 5종목 모두 짧은 시간에 기대 투자 수익률을 달성하여 투자금을 회수하고 다른 종목에 재투자하는 것이며, 최악은 5종목 모두 기대에 못 미치는 것이다. 하지만 두 가지 경우 모두 확률이 높지 않다. 그렇지만 5종목 중 2~3종목 정도는 목표 시간 내에 목표 수익률을 달성할 것으로 기대할 만하다. 그렇다면 분산 투자를 했을 경우, 2~3종목은 기간 내에 목표 수익률을 달성해서 재투자하여 회전율을 높이는 방법으로 투자 이익을 극대화할 수 있다. 따라서 현명한 투자자라면 분산 투자를 선택할 것이다.

결론적으로 소득 없이 오랫동안 한 종목에 모든 투자금이 묶이는 최악의 상황을 피하고자 분산 투자를 한다. 이는 투자효율(투자금의 회전율 또는 가동률)이 극단적으로 낮아지는 상황을 피하는 것이다. 결국 분산 투자를 하는 이유는 한 종목의 손실을 다른 종목의 수익으로 메꾸기 위함이 아니고, 투자효율을 일정한 수준으로 유지하기 위함이다.

다시 말해, 꾸준히 일정 수준의 수익률을 유지하기 위해 분산 투자를 하는 것이다. 결론적으로 분산 투자를 하면 한 종목 또는 극히 소수의 종목에 집중 투자 하는 것보다 더 안정적이며, 분산 투자를 한다고 해서 수익률이 낮아지는 것이 아니다.

기초 중의 기초

가치 투자에 필수적인 숫자들

가치 투자를 하기 위해서는 기업의 가치를 판단하고 적정 주가를 계산할 수 있어야 한다. 그렇게 하기 위해서는 재무제표에 표기되는 몇몇 지표들에 대해 정확히 이해하는 것이 필수적이다. 이는 가치 투자를 하기 위한 기초 중의 가장 기초라고 할 수 있다. 재무제표와 관련된 용어 중 가장 많이 접하는 것은 아마도 PER, PBR, ROE일 것이다. 이들은 모두 재무제표에 표기되는 숫자와 주가를 통해 계산되어 나오는 비율이다. 지금부터 이러한 용어를 초보자도 쉽게 이해할 수 있도록 설명하겠다.

먼저 주식이란 단순하게 표현하면 그 기업에 대한 소유권의 지분이다. 이렇게 표현하면 직접적으로 잘 와닿지 않을 수 있기 때문에 부동산을 예로 설명하면 좋을 것 같다.

　다음과 같이 가정해보자. '스톡 빌딩'이라는 이름을 가진 어떤 상가 빌딩이 있다. 이 빌딩에는 총 10개 호실의 상가가 있다. 그리고 각각의 상가 호실의 크기와 가격이 서로 같고, 임대료도 보증금 500만 원에 월세 50만 원으로 모두 같다. 그래서 총 보증금 5000만 원에 월세 500만 원을 받는 빌딩이며 연간 임대 수익은 6000만 원이다. 이를 다음과 같이 표로 정리할 수 있다.

용어	예시	비고
물건명	스톡 빌딩	
전체 호실 수	10호실	전체 빌딩을 10칸으로 나눈 것
빌딩 가격	10억 원	호실당 가격(1억 원) x 10(호실)
보증금	5000만 원	호실당 보증금(500만 원) x 10(호실)
연간 임대 수익	6000만 원	호실당 월세(50만 원) x 12(개월) x 10(호실)

　그리고 투자 관련 지표는 다음과 같이 정리된다(실제로는 세금, 등기 비용, 중개 수수료 등 다른 요소들이 있지만 여기서는 단순한 이해를 위해 고려하지 않는다).

용어	예시	비고
매수가	10억 원	빌딩 가격
보증금	5000만 원	호실당 보증금(500만 원) x 10(호실)
순자산 (실투자금)	9억 5000만 원	매수가 - 보증금
연간 임대 수익	6000만 원	호실당 월세(50만 원) x 12(개월) x 10(호실)
임대 수익률	약 6.32%	연간 임대 수익(6000만 원) ÷ 실투자금(9억 5000만 원)

그런데 단독으로 이 빌딩을 매수하기 위해서는 10억 원이 필요하지만 그만한 자금이 없어서 총 10개 호실 중 1개 호실만 매수했다고 하자. 그러면 투자 관련 지표는 다음과 같다.

용어	예시	비고
매수가	1억 원	1개 호실 가격
보증금	500만 원	1개 호실 보증금
순자산(실투자금)	9500만 원	(예상)매도가 - 보증금
연간 임대 수익	600만 원	월세 수익(50만 원) x 12(개월)
임대 수익률	약 6.32%	연간 수익(600만 원) ÷ 실투자금(9500만 원)

즉, 건물 전체에 투자하든 그중 일부에만 투자하든 투자 수익률은 같다. 이때 건물 전체에 투자한다는 것은 단독으로 소유권을 가진다는 의미이고

일부에 투자하는 것은 소유권의 일부인 지분을 가진다는 의미다.

이제 위의 예시를 기업으로 변환해보자. ('스톡 기업'이라고 부르자.)

부동산		기업	
용어	예시	용어	예시
물건명	스톡 빌딩	기업(주식)명	스톡 기업
전체 호실 수	10호실	발행 주식 수*	10주
빌딩 가격	10억 원	시가 총액**	10억 원
보증금	5,000만 원	부채(플로트)***	5,000만 원
연간 임대 수익	6,000만 원	(당기)순이익	6,000만 원

*   스톡 빌딩은 총 10개 호실로 구분되어 있다. 이는 빌딩의 소유권을 총 10개의 지분으로 분리했다고 이해할 수 있다. 빌딩 자체를 매수하면 전체 호실에 대한 소유권을 가지는 것으로 지분을 100% 가지게 되는 것이다.

     기업도 마찬가지다. 스톡 기업은 총 10개의 주식을 발행했다. 이는 기업의 소유권을 총 10개의 지분으로 분리한 것이다. 스톡 기업이 발행한 10개 주식을 모두 매수하면 이 기업의 지분 100%를 소유하는 것으로 기업 자체를 인수하는 것과 같다.

**   스톡 빌딩의 가격은 10억 원으로 각 호실의 크기와 가격이 같은 것으로 가정했기 때문에 1개 호실의 가격은 1억 원이다.

     스톡 기업의 가격이 10억 원이라는 것은 주식 1개의 가격이 1억 원이라는 의미다. 발행한 10개의 주식은 모두 같은 비율의 소유권을 가지고 있으며 가격도 같다.

*** 부동산 임대 보증금은 결국 돌려줘야 하는 돈이다. 즉, 부채다. 한편 기업에서도 운영 자금이든 시설자금이든 일정 크기의 자금을 빌리는 상황이 생기는데, 결국 돌려줘야 하는 돈을 부채라고 표현한다.

여기서 조금 더 정확하게 설명하자면, 보증금은 부채이긴 하지만 이자가 발생하지 않고 장기간 상환하지 않아도 되는 돈이다. 기업에서는 이런 종류의 부채를 플로트(float)라고 표현한다. 기업 전체를 인수하는 경우라면

이 플로트를 매우 유용하게 활용할 수 있지만, 일반 투자자가 주식에 투자할 때는 크게 의미가 없다. 다만 기업의 재무 상태를 평가할 때는 알고 있으면 좋다.

이번에는 투자 측면에서 스톡 빌딩과 스톡 기업의 용어를 비교해보자. 우선 빌딩 전체와 기업 전체를 매수하는 것으로 가정한다(이론적으로 기업의 모든 발행 주식을 매수하면 해당 기업의 100% 소유권을 가지게 되지만 실제로 기업 인수를 그런 방법으로 하지는 않는다. 이를 참작해서 보기 바란다).

부동산		기업	
용어	예시	용어	예시
매수가	10억 원	시가 총액*	10억 원
보증금	5000만 원	부채(플로트)	5000만 원
순자산(실 투자금)	9억 5000만 원	장부가치(Book value) 또는 자기자본(Equity)	9억 5000만 원
연간 임대 수익	6000만 원	순이익(Earning or Return)	6000만 원
임대 수익률	약 6.32%	자기 자본 이익률(ROE)	약 6.32%

* 여기서는 기업 인수를 발행 주식을 모두 매입하는 것으로 가정했기 때문에 기업 인수가는 시가 총액이다.

다음으로 1개 호실, 1개 주식으로 지분 투자를 비교해보자.

부동산		기업	
용어	예시	용어	예시
매수가	1억 원	주가(매수가)	1억 원
보증금	500만 원	(주당) 부채(플로트)*	500만 원
순자산(실투자금)	9500만 원	주당 순자산(BPS)	9500만 원
연간 임대 수익	600만 원	주당 순이익(EPS)	600만 원
임대 수익률	약 6.32%	자기 자본 이익률(ROE)	약 6.32%

* 주당 부채, 주당 플로트 등의 용어를 실제로 사용하지는 않는다. 개념 이해를 돕기 위해 조금
은 무리해서 비교했다.

여기까지 잘 따라왔다면 여러분은 가치 투자를 하기 위한 가장 기초적인
숫자들을 활용할 준비가 된 것이다. 용어 자체를 외우는 것이 아니고 직관
적으로 어떤 의미인지 받아들일 수 있어야 한다. 부동산 투자에서 사용하는
용어를 살펴보면서 주식 투자에서 쓰이는 용어에 대한 감을 잡기 바란다.

이제 위의 표에 나오는 용어들에 대한 이해를 바탕으로 가치 투자에 필
요한 필수 지표들에 대해 알아보자. 이 책에서 다루는 주요 지표들은 다음
과 같다. (다음 챕터부터는 알파벳 약어로 사용한다.)

1) 주당 순이익 (EPS = Earning per Share)

2) 주가 수익 비율 (PER = Price Earning Ratio)

3) 주당 순자산 (BPS = Book value per Share)

4) 주가 순자산 비율 (PBR = Price Book value Ratio)

5) 자기자본 이익률 (ROE = Return on Equity)

각각의 지표에 대한 설명에 앞서 미리 강조하자면 지표들의 계산식을 외우는 것은 중요하지 않다. 지표가 가지고 있는 의미에 대한 이해가 중요하다. 의미를 이해하면 계산 방법은 저절로 알게 된다.

1) 주당 순이익 (EPS = Earning per Share)

결국 한 기업의 가치는 얼마나 돈을 잘 버는가에 따라 평가된다. 따라서 기업을 인수하려고 할 때는 그 기업이 얼마나 큰 이익(Earning)을 내는지가 중요한 판단 기준이다. 예를 들어, 한 기업의 시가총액이 100억 원이라고 하면 그 기업을 인수하기 위해(모든 발행 주식을 매수하기 위해) 100억 원이 필요하다. 이때 예를 들어 그 기업이 연간 1억 원의 이익을 내고 있다면 투자 가치가 없다고 평가하고 20억 원 이상 이익을 내고 있다면 투자 가치가 높다고 평가할 가능성이 크다(100억 원을 투자해서 연간 1억 원 수익을 올린다면 연수익률 1%이므로, 차라리 은행 예금으로 두는 편이 나을 것이다). 이처럼 이익(Earning)이 기업의 가치를 평가하고 투자를 판단하는 중요한 기준이다.

만약 기업을 인수해서 그 기업이 이익을 내면 그 이익은 온전히 나의 이익이 된다. 내가 그 기업의 모든 소유권을 가진 주인이기 때문이다. 그러나 지분을 소유하고 있다면 다른 지분 소유자(주주)와 이익을 분배해야 한다. 그런데 주식 투자자는 기업 전체를 인수하는 것이 아니라 기업의 지분을 매수함으로써 소유권을 행사한다. 따라서 주식 투자자에게는 기업이 얻는 전체 이익보다 각 지분(주식)에 배정되는 이익이 얼마나 되는지 알 필요가 있다. 그 지표가 바로 주당 순이익(EPS)이다. 예를 들어 한 기업의 연간 순이익이 10억 원인데 총 발행 주식 수가 1만 주라면, 1주당 주식당 연간 순이익은 1만 원이다(1,000,000,000 ÷ 10,000 = 10,000원). 주당 순이익(EPS)은 이렇게 1개의 주식이 연간 얼마만큼의 이익을 내는지를 알려주는 지표이다.

2) 주가 수익 비율 (PER = Price Earning Ratio)

1개의 주식이 연간 창출하는 이익의 절대적인 크기의 지표인 주당 순이익(EPS)만으로 투자 결정을 내리기는 쉽지 않다. 예를 들어 주당 순이익(EPS)이 1만 원이면 큰 이익으로 보일 수 있다. 그러나 그 주식을 매수하기 위해 100만 원이 필요하다면 1만 원의 순이익은 연 1%로 터무니없이 작다. 반대로 그 주식의 주가가 2만 원이라고 한다면 주당 순이익 1만 원은 연 50%로 너무 커서 오히려 다른 문제가 있는 것은 아닌지 의심해봐야 하는 상황이 될 수도 있다. 이렇듯 투자 결정을 내리기 위해서는 주가와 순이익을 비교하는 지표가 필요하다.

투자를 할 때 가장 처음 가지는 생각은 "얼마를 투자해서 얼마를 버는가?"일 것이다. 이것을 나타내 주는 지표가 바로 주가 수익 비율, 그 유명한 PER이다. PER은 Price(주가)와 Earning(순이익)의 비율이다. Price는 "얼마를 투자해서"에 해당하고 Earning은 "얼마를 버는가"에 해당한다. 여기서 말하는 Earning은 기업 전체의 순이익이 아닌 주당 순이익, 즉 EPS이다.

PER은 주가(Price)를 주당 순이익(EPS)으로 나눈 값이다. 예를 들어 한 주식의 주가가 5,000원이고 EPS가 500원이면 PER은 10이다(5,000 ÷ 500 = 10). 이 의미를 생각해보면, 내가 5,000원을 들여서 주식 1주를 매수하면

이 주식은 매년 나에게 500원의 이익을 안겨준다. 그러면 내가 처음에 낸 5,000원의 투자원금을 회수하기까지 총 10년이 걸린다. 즉 PER은 투자원금 회수 기간이다.

그런데 여기서 연간 재무제표를 기준으로 했을 때 EPS는 작년 연간 재무제표를 기준으로 1년 단위로 집계하는 지표이다. 그렇다면 EPS는 1년간 고정된 숫자이지만 주가(price)는 매일 변동한다. 따라서 PER은 주가에 따라 변동하는 지표라고 볼 수 있다. 예를 들어 EPS가 500원인 주식을 5,000원에 매수하면 매수 PER은 10이고, 1만 원에 매수하면 매수 PER은 20이다. 즉, 주식이 싸게 거래되면 매수 PER이 낮아지고 비싸게 거래되면 매수 PER이 높아진다. 여기서 비싸게 거래된다는 것은 인기가 많다는 것이다. 따라서 PER이 높다는 것은 투자원금 회수 기간이 길지만 동시에 인기가 많다는 의미이며, 이는 곧 향후 기업 가치가 높아질 것이라고 많은 사람이 기대한다는 의미이다. 결론적으로 PER은 투자원금 회수 기간임과 동시에 그 기업의 미래 가치에 대한 사람들의 '기대심의 크기'라고 할 수 있다.

3) 주당 순자산 (BPS = Book value per Share)

부동산 투자를 할 때 순자산이라는 개념은 아주 중요하다. 앞선 예시에서는 단순한 표현을 위해 제외했지만 실제로는 집을 사는 등의 투자할 때 대출을 받는 경우가 많다. 따라서 어떤 부동산 자산을 매도한다면 최종적으로 내 손에 떨어지는 돈은 매도가에서 대출금과 보증금 등 모든 상환해야 하는 부채를 제외해야 한다. 그래서 순자산의 크기를 주기적으로 파악하는 것이 중요하다.

주식에서도 마찬가지로 순자산의 개념이 있다. 만약 한 기업 자체를 소유하고 있을 때 모든 사업을 정리하고 현금화한다고 가정해보자. 기업의 모든 유무형 자산을 매각하고 부채를 상환한 다음 인건비(퇴직금) 지급 등의 과정을 거칠 것이다. 이때 기존에 보유 중이던 현금을 포함해 최종적으로 남는 돈이 순자산의 크기다. 순자산은 장부가치(Book value)라는 용어로 사용된다. 여기서 기업의 순자산(장부가치)을 발행 주식 수로 나눈 값이 주당 순자산(BPS)이다.

한 주식에서 순자산 가치가 높다는 것은 그만큼 부채가 적다는 의미다. 따라서 주당 순자산(BPS)이 높을수록 기업의 재무구조가 안정적이며 투자에 있어 리스크가 낮다.

4) 주가 순자산 비율 (PBR = Price Book value Ratio)

PER이 순이익(Earning)을 기준으로 투자 결정을 내리는 데 도움을 주는 지표라면, 주가 순자산 비율(PBR)은 순자산(Book value)을 기준으로 투자 결정에 도움을 주는 지표다.

PBR은 주가(Price)와 순자산(Book value)의 비율이다. 쉽게 말하면 내가 사는 주식 1개가 얼마만큼의 순자산 가치를 담고 있는지를 나타낸다. 즉, PBR은 주가(Price)를 주당 순자산 가치(BPS)로 나눈 값이다. 예를 들어 주가가 5,000원인 주식의 주당 순자산 가치(BPS)가 5,000원이면 이 주식의 주가 순자산 비율(PBR)은 1이다(주가 5,000원 ÷ 주당 순자산 가치 5,000원 = 1). 즉, 주가와 순자산 가치가 동일하다는 의미다. PBR은 1을 기준으로, 1보다 높으면 1개의 주식에 주가보다 낮은 순자산 가치가 포함되어 있고, 1보다 낮으면 주가보다 높은 순자산 가치가 포함된 것이다. 다시 말해, 자산 가치 기준으로 봤을 때 PBR이 1보다 높으면 비싸고 1보다 낮으면 싸다는 의미로 해석할 수 있다.

극단적인 예로, 총 발행 주식 수가 100개인 어떤 기업의 시가총액이 50억 원이고 순자산 가치가 100억 원이라고 해보자. 그러면 주가(Price)는 시가총액(50억 원)을 주식 수(100개)로 나눈 금액인 5000만 원이고, 주당 순자산 가치(BPS)는 순자산 가치(100억 원)를 주식 수(100개)로 나눈 금액인 1억 원이므로 PBR은 0.5이다(50,000,000 ÷ 100,000,000 = 0.5). 이때, 어떤 자산가가 50억 원을 들여서 이 기업의 모든 발행 주식을 매수한 후, 즉시 사업을 정리하고 모든 자산과 부채를 정리 청산하면 100억 원이 남을 것이므로 결과적으로 기업을 인수하는 데 든 50억을 제하고 50억 원의 차익을 얻을 수 있다. 결론적으로 PBR이 1 이하로 낮은 주식은 주가가 저평가된 것으로 투자 가치가 높다고 할 수 있다.

다만 저PBR 주식에 투자할 때는 재무제표가 오차 없이 정확한 숫자로 순자산 가치를 나타내지 못할 수 있다는 것을 알고 있어야 하고, 저평가된 주식은 왜 저평가가 되었는지 반드시 그 이유를 정확히 파악해야 한다.

5) 자기자본 이익률 (ROE = Return on Equity)

보통 부동산 투자에서는 내 투자금 대비 얼마의 수익을 올리는지가 투자를 판단하는 가장 중요한 요소이다. 여기서 얼마를 투자해서 얼마를 벌었는지를 나타내는 지표가 자기자본 이익률(ROE)이다. 투자자는 당연히 투자금 대비 많은 돈을 벌고 싶기 때문에 높은 ROE가 기대되는 부동산에 투자하려고 한다. 기대 ROE가 높을수록 좋은 투자처이다.

주식 투자도 마찬가지이다. 주식 투자자는 좋은 기업, 즉 돈을 잘 버는 기업의 주식을 사려고 한다. 이때 돈을 잘 번다는 것은 돈을 버는 능력이 좋다는 의미이고, 그 능력은 자기자본 이익률(ROE)을 통해 평가할 수 있다. ROE는 순수한 자기 자본(Equity)으로 얼마를 벌었는지(Return)를 나타내는 지표로 순이익(Return)을 자기 자본(Equity)으로 나눈 값을 % 단위로 표시한다. 즉, ROE(%) = Return ÷ Equity × 100이다.

ROE는 기업이 돈을 버는 능력일 뿐만 아니라 또 다른 의미를 내포한다. 그것은 바로 기업이 현실적으로 달성할 수 있는 최대의 성장률이다. 예를 들어 어떤 기업의 현재 자기 자본이 1억 원이고 매년 5%의 순이익을 낼 수 있는 능력이 있다고 한다면(ROE=5%), 이 기업은 1년 뒤 500만 원의 순이익을 낼 것이다(100,000,000 × 5% = 5,000,000). 그 순이익 500만 원은 기업의 경영 판단에 따라 직원들의 성과상여금으로 지급하거나, 신기술 개발을 위해 연구비로 투자하거나, 제품 생산량을 늘리기 위해 설비에 투자하거나 또는 주주들에게 배당금으로 지급하는 등으로 쓰일 수 있다. 그런데 만약 그 순이익을 다른 어떤 곳에도 쓰지 않고 온전히 재투자해서 돈을 버는 데 사용한다고 하면, 2년 차의 자기자본은 1억 원에서 1억 500만 원으로 늘어난다. 그러면 이 기업은 매년 5%의 순이익을 낼 수 있는 능력이 있기 때문에 다시 1년 뒤에는 1억 500만 원의 5%인 525만 원의 순이익을 내게 된다. 즉, ROE는 기업이 현실적으로 달성할 수 있는 최대의 성장률이다.

(예시)

	1년 차	2년 차	3년 차	4년 차	5년 차	…
자기자본	100.00	105.00	110.25	115.76	121.55	…
순이익	5.00	5.25	5.51	5.79	6.08	…
ROE	5%	5%	5%	5%	5%	…

비싼 주식을 왜 살까?

"주가는 실적(순이익)을 따라간다"라는 말은 주식 투자에서 정설로 통한다. 당연히 맞는 말이다. 기업은 근본적으로 돈을 벌어야 한다. 즉, 좋은 실적을 내야 하고 실적을 내는 능력이 그 기업의 가치다. 따라서 실적을 잘 내는 가치 있는 기업은 좋게 평가받고 그에 따라 주가도 오른다. 반대로 좋은 실적을 보여주지 못하면 그 기업은 나쁜 평가를 받고 주가는 내려간다. 결국 주가는 실적에 좌우되는 것이다.

실적과 주가의 상관관계를 나타내는 지표가 PER(주가수익 비율)이다. 그런데 주식 시장에는 실적에 비해 주가가 과도하게 비싼 고PER 주식들이 많다. 앞서 언급했듯이 PER은 미래 가치에 대한 기대심을 보여주는 지표이다. 따라서 고PER 주식은 그만큼 앞으로 성장할 가능성이 많은 기업의 주식일 가능성이 크다. 현재는 주가에 비해 큰 실적을 내지 못하더라도 앞으로 점점 크게 성장해서 결국 큰 이익을 낼 기업이라는 기대심 때문에 주가가 비싸더라도 매수하는 것이다.

그런데 우리는 과연 주식 투자에서 어느 정도까지의 PER을 용납해야 할까? 이를 쉽게 판단하기 위해 잠시 부동산을 예로 들어 이야기해 보자. 매매가 100억 원, 월세는 1억 원인 빌딩이 있다고 가정해보자. 단순 계산으로 1년에 12억 원의 수익을 낼 수 있으므로, 이는 수익률 12%이다. 그렇다면 충분히 좋은 수익률이므로 투자하고 싶은 사람이 많을 것이다. 그런데 만약 같은 가격의 빌딩 월세가 1000만 원이라고 하면 어떨까? 이 경우 1년에 1억 2000만 원 수익으로 수익률은 1.2%이다. 1.2% 수익률은 은행 예금 금리 수준이므로 그렇게 좋은 투자처로 보이지는 않을 것이다. 그러나 큰 폭의 지가 상승이나 향후 월세 상승이 기대된다면 드물게 투자를 결정하는 사람들도 있을 것이다. 그런데 만약 월세가 100만 원이라면 어떨까? 이 경우 수익률은 0.12%로 아무리 미래 가치가 상승한다고 기대되더라도 리스크를 감당하면서 100억 원이라는 돈을 투자할 만한 사람은 찾기 힘들 것이다.

그렇다면 부동산 투자를 할 때 비싸지만 미래 가치를 보고 투자할 수 있는 기준은 어느 정도일까? 나의 경험에 따르면 부동산 투자에서 허용할 수 있는 최저 수익률 기준은 3.5% 정도이다. 만약 그 이하라면, 레버리지 효과를 얻기 힘들고 조금만 변수가 생겨도 은행 이자보다 적은 수익률을 올리게 될 가능성이 있기 때문이다(물론 투자자마다 기준은 모두 다를 것이다). 이러한 부동산 투자 수익률은 주식 투자에서 사용하는 지표인 PER로 변환해서 설명이 가능하다. 앞서 PER은 투자원금 회수 기간이면서 미래 가치에 대한 기대심을 나타내는 지표임을 알았다. 따라서 부동산의 수익률 계산 방식(연수익률)을 PER(투자금 회수 기간)로 적용하여 쉽게 변환이 가능하다. 위의 예에서 연수익률 12%로 투자금을 100% 회수하기까지는 대략 8.33년이 걸린다(100% ÷ 12% = 8.33). 따라서 연 12% 수익률은 PER 8.33이며, 같은 방식으로 계산하면 연수익률 1.2%는 PER 83.3, 연수익률 0.12%는 PER 833.33이다. 그리고 내가 부동산 투자에서 허용할 수 있는 최저 수익률 3.5%는 대략 28.57 (100% ÷ 3.5% ≒ 28.57) 정도이다. 결론적으로 부동산 투자에 PER을 적용해 보면 내 기준에서는 미래 가치가 아주 높다고 판단될 경우 PER 28.57 정도가 용납할 수 있는 최대 PER이다. 즉, 부동산은 아무리 큰 미래 가치 성장이 예상된다고 하더라도 PER이 28.57보다 크다면 투자하지 않는다.

그렇다면 다시 원래의 질문으로 돌아와서 주식 투자에서 어느 정도까지의 PER을 용납해야 하는지에 대해 판단해보자. 용납되는 PER을 판단하기 위해서는 논리적인 기준이 필요한데, 당연히 부동산 투자의 기준을 주식 투자에도 똑같이 적용할 수는 없기 때문에 주식 투자의 PER 기준을 수립해야 한다. 먼저 주식 투자와 부동산 투자의 차이점을 짚어보자. 주식은 부동산보다 상대적으로 미래 가치가 높고 빠르게 성장할 가능성이 크다. 그 이유는 기본적으로 부동산의 가치는 질료 가치인 토지에 상상력 가치가 추가

되지만, 주식은 거의 상상력으로 이루어진 자산이므로 새로운 상상력이 추가로 투입될 여지가 많기 때문이다. 가령 부동산에 상상력 가치가 투입되는 경우는 토지에 새로운 건물을 짓거나 주변에 인프라 또는 상권이 들어서는 식이므로 시간이 오래 걸릴 수밖에 없다. 반면 주식은 신기술이 제품에 적용되거나 새로운 분야의 사업을 인수하는 등의 경우로 상상력 가치추가가 부동산과 비교하면 빠른 편이다. 특히 소프트웨어의 경우 상상력가치가 투입되는 속도가 매우 빠르다(전통 제조업 기업보다 IT 기업의 성장 속도가 훨씬 빠른 이유다). 이렇게 주식은 부동산보다 더 크고 빠른 성장을 기대할 수 있기 때문에 이론적으로 부동산보다 더 높은 PER 자산에 투자할수 있다.

그렇지만 이론상 그러하다는 의미이고 경제와 산업 또는 기술에 상당한지식과 직관을 갖지 않은 이상 과도하게 높은 PER 주식에 투자하는 것은바람직하지 않다. 그 이유는 고PER 기업이 진짜로 기대에 부응해서 빠른시간 안에 고성장을 이뤄낼지 확신할 수 없기 때문이다. 그리고 조금 극단적으로 말하자면 아무리 크게 성장을 이룬다고 하더라도 100배, 200배와같은 폭발적인 성장은 현실적으로 매우 어렵다. 또한 어떤 경우에는 그렇게 크게 성장한다고 해도 큰 의미가 없을 수도 있다. 예를 들어 PBR이 1이고 PER이 1,000인 주식이 있다고 하면, 이 기업의 ROE는 0.1%이다(ROE = PBR ÷ PER). 여기서 주가와 자기자본(Equity)의 변동이 없다고 했을 때, 이기업의 실적이 100배 좋아지면 PER이 10으로 낮아지고 ROE는 10%로 높아진다. 실적이 100배 좋아지는 것도 극히 어려운 일이지만 그렇게 되더라도 ROE는 10%로 그렇게 매력적이지 않다. 차라리 현재 ROE가 10%이고 PER이 10인 기업 중에 성장성 있는 기업을 찾아 투자하는 편이 훨씬 좋다.

위와 같은 이유로 과도하게 높은 PER 주식은 피하는 편이 좋은데, 이를 판단하기 위해서는 과도하게 높은 PER의 기준이 필요하다. 나는 기술의 발전과 산업의 동향 등을 근거로 기업의 미래 성장 가치를 제대로 분석할 자신이 없다. 그래서 첨단 미래 기술과 관련된 주식에는 투자하지 않는 편이며 대부분은 상대적으로 천천히 성장하는 전통 산업 관련주에 투자한다. 따라서 허용하는 최대 매수 PER을 낮게 잡는 편이며, 안전한 기준을 원하기 때문에 주식 투자에서도 부동산과 같은 수준인 28 정도로 잡는다. 그리고 워런 버핏이 경험적으로 PER 12~15 정도가 매수하기 적당한 금액이라고 했으므로, 나는 가급적 PER 15 이하의 주식에 투자하려고 노력한다. 결론적으로 주식 투자에서 나에게 용납되는 매수 PER의 한계는 28이며, 추구하는 매수 PER은 15 이하이다.

배당금을 주지 않는 주식을 왜 살까?

내가 주식 투자를 시작하고 얼마 지나지 않았을 때 문득 궁금증이 생겼다.

"보통 주식을 사는 이유는 매수 후 주가가 오르면 팔아서 차익을 얻기 위한 것인데, 왜 사람들은 실제로 사용할 수 없는 종이에 불과한 주식을 거래할까? 심지어 서로 사기 위해 경쟁하면서 주식의 가격이 상승하는 것일까?"

토지나 건물은 실제로 내가 쓸 수 있고, 쓰지 않더라도 쓰려는 사람에게 임대하여 월세를 받을 수 있으며, 장기간 보유하다 보면 주변에 새로운 인프라가 생기는 등 호재로 인해 시세차익을 기대할 수도 있다. 이는 모두 부동산이 가지는 사용가치로 인해 발생하는 이익이다. 하지만 주식은 애초에 소유한다고 해서 사용할 수 있는 것이 아니다. 그런데도 서로 사려고 경쟁해서 가격이 오른다는 것 자체가 이해되지 않았다. 물론 부동산으로 월세를 받는 것처럼 주식을 소유하는 대가로 배당금이라도 받는다면 보유할 가치는 있겠지만, 배당금을 주지 않는 주식은 도대체 왜 사는 걸까?

잠시 부동산에 대해 생각해보자. 사람들이 월세가 나오지 않는 부동산을 소유하는 이유는 크게 두 가지로 생각할 수 있다. 첫 번째는 그 부동산을 실제로 쓰기 위해서이다. 토지를 예로 들면 그 땅에서 농사를 짓거나, 집이나 건물을 지어 직접 살거나, 임대를 하여 임차인이 쓰게 하는 식으로 활용할 수 있다. 두 번째는 그 부동산이 필요한 사람이 나타나면 시세 차익을 보고 팔기 위해서이다. 즉, 투자 목적이다. 그런데 내가 매도하는 부동산을 사는 사람 입장에서는 마찬가지로 직접 쓰거나 투자 목적으로 매수한다. 그렇게 거래를 반복하다 보면 결국 부동산은 특정 용도로 쓰이게 될 것이다. 결론적으로 부동산은 사용 가치가 있어서 거래되는 것이다.

한편 주식은 배당금이 나오지 않는 이상 사용 가치가 없는 것으로 보인다. 주식으로 할 수 있는 것이 없다고 생각되기 때문이다. 그러나 그렇게 보이는 것은 우리가 일반 투자자, 소위 말하는 개미 투자자이기 때문이다. 일반 투자자가 주식을 매수한다는 것은 일반적으로 그 기업의 발행 주식 중 극소량을 보유하는 것을 의미한다. 즉 전체 소유권에서 아주 미미한 지분을 갖는 것이다. 따라서 주주로서 기업에 미칠 수 있는 영향력은 거의 없다고 볼 수 있다. 비교해보면 부동산은 보통 내가 온전한 소유권을 가지기 때문에 마음대로 사용할 수 있지만, 주식은 그렇지 않기 때문에 주식의 사용 가치를 거의 느낄 수 없다.

그러면 조금 시각을 바꿔서 하나의 기업을 인수했다고 생각해보자. 기업 가치가 올라가면, 다시 말해 돈을 버는 능력이 올라간다면 더 많은 돈을 벌게 되어 그 돈으로 사업을 확장할 수도 있고 아니면 성장한 가치를 근거로 기업을 비싸게 매각을 할 수도 있다. 또는 이제 충분히 가치를 키워 놓았으니 수익을 마음껏 쓰자는 결정을 할 수도 있고 올라간 가치만큼 더 비싸게 기업을 매각할 수도 있다. 즉, 기업의 소유권 자체에는 충분히 사용 가치가 있다. 주식의 보유에 사용 가치를 잘 느끼는 못하는 이유는 단지 우리가 기업에 대한 소유 지분이 극히 미미한 투자자이기 때문이다. 그러나 그렇게 느껴질 뿐, 분명히 주식 자체에는 사용가치가 있다. 그렇기 때문에 배당금을 주지 않는 주식도 거래가 되는 것이다.

그렇다면 일반 투자자가 배당금을 주지 않는 주식에 투자할 때는 어떤 마음을 가져야 할 것인가? 아무리 소량이라도 내가 주식을 보유하고 있는 한 전문 경영자에게 기업경영을 위탁했을 뿐, 내가 그 기업의 주인이라는 생각을 해야 한다. 내가 주인이기 때문에 기업의 이익이 곧 나의 이익이다. 당장 그 이익을 배분하지 않는다고 하더라도 기업은 이익을 통해 성장하는 방향으로 나아갈 것이다. 사업 영역을 확장할 수도 있고, 연구개발에 투자할 수도 있다. 이 모든 방향은 기업의 가치를 높이려는 노력이고 기업의 가치가 높아지면 어떤 형태로든 나에게 이익으로 돌아온다. 최종적으로는 기업의 가치가 올라가면 더 비싼 값에 매수하려는 사람이 나타날 것이다. 이는 곧 내가 가진 주식의 기업 가치가 올라가면 주가도 올라가서 매도 차익을 실현할 수 있다는 의미이다. 또는 내가 투자한 기업이 배당금을 지급하지 않더라도 계속해서 성장하다가 어떤 시점에 이르러 주주에게 배당금 지급 결정을 내릴 수도 있다. 결국 내가 기업의 주인인 이상 기업의 이익은 곧 나의 이익이므로, 내가 보유한 주식에 대해 주인 의식과 애정을 가지고 기업이 잘 성장할 수 있도록 응원해야 한다.

물론 이렇게까지 생각하는 것은 너무 거창할 수도 있다. 보통은 배당금을 받을 목적이 아니라면 주가가 어느 정도 오르면 팔 생각으로 주식 투자를 한다. 그러나 기업의 가치가 아닌 주가의 등락에만 집중하면 주식 투자에 있어 점점 탐욕만 커진다. 탐욕이 커지면 투자는 점점 도박으로 변질하고 그 결과는 대체로 돈을 잃는 것으로 끝나게 된다. 최소한 주식을 보유하고 있는 동안은 내가 그 기업의 주인이라는 생각을 가지고 주가의 등락이 아닌 기업의 가치 성장에 집중해야 성공적인 가치 투자자가 될 수 있다.

재무 정보는 과거의 데이터인데, 과거 데이터를 토대로 미래에도 계속 좋게 평가될 기업을 찾을 수 있을까? 다시 말해 기업의 과거 데이터로 미래 가치를 예측할 수 있을까? 나는 가까운 미래까지는 예측을 할 수 있다고 본다. 그 이유는 바로 '관성'에 있다. 예를 들어 과거 10년간 꾸준하게 고수익을 달성하며 점점 성장하던 기업이 하루아침에 망한다거나 급격히 하락세에 접어들지는 않을 것이라는 생각이다.

Chapter 3

투자 종목 리스트 만들기

주식 투자 준비

리스트 만들기

이제부터는 조금 더 실전적인 주식 투자로 접근해보자. 먼저 투자의 기본 원칙을 다시 한번 상기해보자.

1) 좋은 자산을 찾는다.

2) 싸게 산다.

3) 충분히 기다린다.

좋은 자산을 사기 위해서는 먼저 좋은 자산을 찾아내야 한다. 주식 투자에서 좋은 자산이란 좋은 기업이 발행한 주식이다. 따라서 좋은 기업을 찾는 것이 주식 투자의 첫 번째 단계이다. 그런데 투자에 시간을 많이 쏟을 수 없는 일반 투자자에게 매번 좋은 투자처를 찾아서 분석하기란 결코 쉬운 일이 아니다. 그래서 미리 투자 종목 리스트를 만들어둘 필요가 있다. 투자 종목 리스트는 투자할 만한 좋은 주식들을 발굴해서 정리해둔 자료이다. 스프레드시트로 만들어두면 유용하게 활용할 수 있다.

투자 종목 리스트를 미리 만들어두면 투자하는 순간 현재 가격은 적당한지, 앞으로 성장 가능성이 있을지 등 몇 가지 항목만 판단하면 되기 때문에 시간 소요를 줄일 수 있다. 그리고 큰 틀에서의 가치 판단에 집중할 수 있어서 투자 실력을 향상하는 데 도움이 된다. 따라서 성공적인 투자를 하기 위해서는 반드시 먼저 투자 종목 리스트를 만들어야 한다.

나는 1년에 한 번 투자 종목 리스트를 만들고 그 안에 등록된 주식에만 투자한다. 기업의 연간 회계 결산이 끝나면 의무적으로 결과를 공시하게 되어 있는데, 보통 3월 내로 공시가 끝난다. 그래서 나는 투자 종목 리스트를 만드는 작업은 4월 초에 한다. 즉, 1년 단위의 재무제표 정보를 기준으로 향후 1년간 투자할 종목 리스트를 만드는 것이다. 이렇게 리스트를 만드는 데 대략 10시간 정도 소요된다. 투자 종목을 찾는 데 걸리는 시간이 1년에 10시간 정도면 아주 효율적이라고 생각한다.

1년간 투자할 종목 리스트를 만들고 나면 연간 재무제표는 변하지 않더라도 경제 흐름이나 기업의 펀더멘털에 영향을 줄 만한 변화가 생길 수 있어서 매월 리스트를 업데이트한다. 여기서 업데이트하는 내용은 투자 종목 자체가 아니고 전문가들의 주가 컨센서스(목표가) 등 부가적인 정보들이다. 이렇게 리스트를 업데이트하는 데 걸리는 시간은 대략 1시간이면 충분하다. 따라서 1년 동안 실행할 주식 투자를 준비하는 데 걸리는 시간은 리스트를 만드는 데 10시간, 업데이트하는 데 매월 1시간(연간 12시간) 정도로 총 22시간 정도에 불과하다.

나는 만들어둔 투자 종목 리스트에 산업군, 재무평가 결과, PER, 기대 성장률, 적정매수가, 목표가 등의 정보를 입력 및 업데이트한다. 그리고 그 정보와 현재 주가를 함께 보고 투자를 결정한다. 이렇게 투자 종목 리스트 덕분에 나만의 명확한 기준을 가지고 신속하게 판단할 수 있다. 내가 투자 종목 리스트를 만드는 구체적인 방법은 '부록'에 레이아웃과 계산식을 포함해서 단계별로 상세하게 설명되어 있다. 나의 방법을 단순히 따라하기보다 자신만의 기준에 맞도록 변형해서 투자 종목 리스트를 만들어 사용하기 바란다.

좋은 기업의 기준

투자할 만한 좋은 주식을 찾기 위해서는 우선 좋은 기업에 대한 기준이 필요하다. 내가 생각하는 좋은 기업의 기준은 다음과 같다.

1) 망하지 않아야 한다.

2) 돈을 잘 벌어야 한다.

3) 앞으로도 돈을 점점 많이 벌어야 한다.

이 기준을 흔히 사용하는 투자 지표 용어로 변환해 보면 다음과 같다.

안정성

투자자로서 가장 중요하게 여겨야 할 요소는 바로 안정성이다. 기업이 아무리 돈을 잘 벌어도 결국 망해버리면 나의 투자금은 사라진다. 안정성이 모자란 기업은 근본적으로 좋은 기업이 아니다. 우선 망해서 사라질 걱정을 할 정도로 안 좋은 기업이라면 "좋은 자산을 산다"라는 투자의 첫 번째 원칙에 어긋난다. 그리고 당연히 "싸게 산다"라는 두 번째 원칙은 의미가 없어진다. 또한 "충분히 기다린다"라는 세 번째 원칙은 실행이 불가능해진다.

수익성

기업의 가치는 결국 돈을 버는 능력이다. 기업이 돈을 벌지 못하면 기업을 운영할 이유도 없다. 차라리 은행 예금에 넣어두는 편이 나을 것이다. 수익성은 안정성에도 영향을 미치는데, 수익성이 좋을수록 기업의 안정성이 좋아지고, 반대로 수익성이 안 좋으면 기업의 안정성도 안 좋아질 수밖에 없다.

성장성

꾸준히 성장하지 못하는 기업은 투자 가치가 없다. 기업은 기본적으로 유연한 자산이다. 금이나 부동산처럼 질료 가치를 기본으로 하는 자산은 가치가 변하지 않기 때문에 가치를 방어하기 위한 목적으로 투자할 수 있다. 그러나 기업은 상상력의 가치를 기본으로 하는 자산이기 때문에 시간의 흐름에 따라 가치가 감가상각되며, 상상력의 추가 투입으로 가치를 점점 더 커지게 할 수도 있다. 따라서 주식 투자는 공격적 투자이며 이때 성장성이 중요하다. 결국 기업의 가치 성장성이 최소한 가치의 감가상각보다는 커야 기업 가치를 유지할 수 있으며 그렇지 않다면 그 기업은 결국 도태되어 사라진다.

일반적으로 위의 기준에 '활동성' 또한 중요한 투자 지표로 사용하는데, 나는 기준에 포함하지 않는다. 그 이유는 수익성과 성장성이 좋아지기 위해서는 기본적으로 활동성이 좋아야 하므로 내가 좋은 기업의 기준으로 삼는 위의 세 가지 요소에 이미 어느 정도 포함되어 있다고 볼 수 있기 때문이다. 또한 활동성의 경우 업종별 또는 산업별로 차이가 크게 나기 때문에 공통으로 일괄 적용할 수 있는 기준을 수립하기 어려워 활동성 지표를 투자 판단 요소로 고려하게 되면 더 복잡하고 시간 소요가 많아지기 때문이다. 이러한 점은 투자를 매우 불편하게 하며, 나의 투자 방식과 맞지 않다. 나는 최대한 분석에 시간을 적게 쓰고 일관된 기준에 따라 시스템화된 투자를 추구한다.

구체적으로 어떤 방법으로 좋은 기업을 찾아서 투자 종목 리스트를 만들 수 있을지는 다음 장에서 자세히 알아보도록 하자.

좋은 기업 발굴하기

지수 편입 종목

좋은 기업을 발굴하는 가장 간단한 방법은 지수를 활용하는 것이다. 먼저 용어부터 정리할 필요가 있을 것 같다. 기업이 소유권을 분할해서 증권으로 발행하는 것이 주식인데, 이 주식을 쉽게 거래하기 위해서는 시장이 필요하다. 그래서 기업은 주식이 거래되는 시장인 증권거래소에 기업의 주식을 거래할 수 있도록 품목으로 등록하는 데, 이를 상장이라고 한다. 증권거래소에 상장된 주식 종목들을 특정 기준으로 분류해서 가격을 종합하고 수치화한 것을 지수라고 한다.

> - 주식: 기업의 소유권을 분할해서 증권으로 발행한 증서
> - 증권거래소: 주식을 거래할 수 있는 시장
> - 주식 지수: 특정 기준으로 분류한 주식들의 가격을 종합하여 수치화한 지수

'광장시장', '국제시장' 등 모든 시장에는 이름이 있다. 주식을 거래하는 시장인 증권거래소에도 이름이 있다. 국내에는 대표적으로 유가증권시장(코스피), 코스닥시장, 코넥스시장, 미국에는 대표적으로 NYSE(뉴욕거래소), NASDAQ(나스닥), NYSE AMERICAN(아멕스) 거래소 등이 있다.

대표적 증권거래소	
한국	미국
유가증권시장(코스피)	NYSE(뉴욕거래소)
코스닥시장	NASDAQ(나스닥)
코넥스시장	NYSE AMERICAN(아멕스)

기업이 주식을 증권거래소에 상장하기 위해서는 각각의 거래소에서 요구하는 요건을 충족시켜야 한다. 예를 들어 '자기자본 300억 원 이상', '상장 주식 수 100만 주 이상', '3년 평균 매출 700억 원 이상' 등의 요건이 있다. 따라서 증권거래소에 상장된 기업은 그 자체로 어느 정도의 역량을 갖춘 좋은 기업이라고 볼 수 있다.

다음으로 지수에 대해 알아보자. 하나의 예시로 유가증권시장에 상장된

모든 종목의 주가를 종합적으로 표시한 수치가 바로 코스피(KOSPI) 지수다. 조금 더 자세하게 설명하면, 1980년 1월 4일 기준으로 유가증권시장에 상장된 모든 종목의 시가총액을 더한 금액을 100으로 표시한 것이 코스피 지수다. 예를 들어 1980년 1월 4일 유가증권시장의 시가총액의 합이 약 70조 원이었고 이를 코스피 지수 100으로 정했다고 하면, 2021년 1월 코스피 지수가 3,000에 도달했을 때는 지수가 30배 오른 것으로 시가총액의 합은 약 2100조 원이라는 의미이다.

코스피, 코스닥, 미국의 NASDAQ(나스닥) 같은 지수는 거래소에 등록된 모든 종목의 지수인데, 특정 목적과 기준에 따라 주식을 분류해서 만든 지수도 있다. 예를 들어 유가증권시장에 상장된 대표적인 우량 기업 200개만 따로 분류해서 만든 지수가 '코스피200'이다. 거래소를 대표한다는 것은 그만큼 좋은 기업이라는 뜻이다. 우리의 목표는 우선 투자할 만한 좋은 기업을 찾아서 리스트로 만드는 것인데, 각 거래소에 상장된 모든 기업을 대상으로 하면 수백에서 수천 개의 기업에 대해 분석해야 한다. 따라서 큰 노력과 시간이 필요하다. 그러나 코스피200 같은 지수에 편입된 기업은 이미 전문기관에서 분류해놓은 좋은 기업이기 때문에 그런 지수에 편입된 종목은 특별한 노력 없이 투자종목 리스트로 바로 사용할 수 있다. 한편으로는 나만의 기준으로 만든 리스트보다 더 신뢰할 만할 수도 있다.

투자 종목 리스트로 바로 사용할 만한 지수를 몇 가지 소개하면 다음과 같다. (각 지수에 편입된 종목들은 인터넷 검색으로 쉽게 알 수 있다.)

한국 주식 지수

(1) 코스피 200: 유가증권시장을 대표하는 200개의 우량기업으로 구성

(2) 코스닥 150: 코스닥시장을 대표하는 150개의 우량기업으로 구성

(3) KRX 300: 한국거래소가 선정한 국내 증권시장에 상장된 300개의 우량기업으로 구성

(4) KRX 100: 한국거래소가 선정한 국내 증권시장에 상장된 100개의 우량기업으로 구성

미국 주식 지수

(1) S&P 500: 미국 S&P 사가 선정한 NYSE에 상장된 500개 우량기업으로 구성

(2) NASDAQ 100: NASDAQ에 상장된 기업 중 100개 우량기업으로 구성

(3) Dow 30: 미국 다우존스사가 선정한 미국의 증권거래소에 상장된 30개 우량기업으로 구성

재무 정보 활용

지수 편입 종목을 투자 종목 리스트로 바로 활용하는 것도 좋은 방법이다. 하지만 그렇게 하면 아직은 주목을 덜 받고 있지만, 미래에 크게 성장할 가능성이 있는 비교적 작은 규모의 기업은 놓치게 될 가능성이 크다. 그래서 직접 좋은 기업을 발굴하는 것이 여러모로 더 좋을 수 있다. 나는 미

래의 경제 흐름이나 산업 동향, 기술의 발전 방향, 경영진의 탁월한 능력 등을 전문가보다 더 잘 판단하고 확신할 능력이 부족하기 때문에 철저히 공시된 숫자로만 평가하려고 한다. 그래서 재무 정보만으로 좋은 기업을 발굴한다.

미리 밝혀두자면, 수천 개의 기업의 재무 정보를 일일이 수집하고 계산하는 것을 수작업으로 하기는 불가능에 가깝다. 그래서 나는 내가 원하는 재무 정보를 엑셀 파일 형식으로 제공하는 사이트에 금액을 내고 다운로드하거나, 어떤 종류의 정보들은 직접 제작한 크롤링 프로그램으로 수집한다. 그렇게 수집한 기초 데이터를 직접 만든 스프레드시트 서식에 붙여넣고 자동 계산식을 통해 투자 종목 리스트를 추출하는 방법을 사용한다.

한편 재무 정보는 과거의 데이터인데, 과거 데이터를 토대로 미래에도 계속 좋게 평가될 기업을 찾을 수 있을까? 다시 말해 기업의 과거 데이터로 미래 가치를 예측할 수 있을까? 나는 가까운 미래까지는 예측을 할 수 있다고 본다. 그 이유는 바로 '관성'에 있다. 예를 들어 과거 10년간 꾸준하게 고수익을 달성하며 점점 성장하던 기업이 하루아침에 망한다거나 갑자기 하락세에 접어들지는 않을 것이라는 생각이다. 다만 앞서 언급했듯이 재무 정보만을 가지고 판단하면 그 외적인 요소(경제 흐름, 산업 동향, 기술 발전 등)를 배제하게 되므로 향후 2~3년 정도의 가까운 미래에 대해서만 판단한다. 나의 기본 전제는 다음과 같다.

"과거 5년간 꾸준히 가치가 상승했는데, 그중 최근 3년간 더 가파른 상승을 했다면(급성장세에 있다면), 향후 3년 정도는 과거 5년간의 상승률을 유지할 가능성이 높을 것이다."

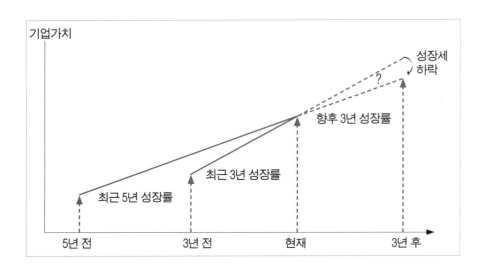

즉, "큰 성장세에 있는 기업은 향후 성장률이 한풀 꺾이더라도 당분간은 어느 정도 계속 성장할 것이다"라는 전제이다.

위의 전제로 재무 정보를 통해 좋은 기업을 판별하는 나의 로직은 다음과 같다.

1) 안정성

(1) 용어

- 유동비율: 유동부채 대비 얼마나 많은 유동자산을 가지고 있는지 나타내는 비율

  (유동자산* ÷ 유동부채**) × 100(%)

    *   유동자산: 짧은 기간 안에 현금으로 바꿀 수 있는 자산
    ** 유동부채: 1년 이내에 갚아야 하는 부채(현금)

- 부채비율: 자기자본 대비 얼마나 많은 부채를 가지고 있는지 나타내는 비율

  (부채총액 ÷ 자기자본) × 100(%)

(2) 논리

- 단기간 내 갚아야 할 빚(유동부채)보다 현금(유동자산) 보유량이 많다면 기업이 금방 망할 위험은 없을 것이다. 따라서 유동비율이 높을수록 안전하다(200% 이상은 되어야 좋다).
- 언젠가 갚아야 할 부채보다 가지고 있는 자기자본이 더 많으면 자산을 팔아서라도 돈을 갚을 수는 있을 것이며 기업이 망할 위험은 거의 없을 것이다. 따라서 부채비율은 낮을수록 안전하다(100% 이하로 유지해야 좋다).

(3) 판단 기준

그룹	지표	항목	기준	조건
A	유동비율	1	최근 5년간 평균 유동비율	200% 이상
		2	직전 연도 유동비율	200% 이상
B	부채비율	1	최근 5년간 평균 부채비율	100% 이하
		2	직전 연도 부채비율	100% 이하

(4) 평가 기준

- 4개의 항목 모두 만족하면 '투자 가능'
- A그룹과 B그룹 중 한 그룹만 모든 항목을 만족하면 '투자 고려'
  (업종에 따라 현금을 많이 보유하지 않거나 부채를 최대한 활용하는 편이 유리한 기업도 있기 때문이다.)
- 위 기준을 만족하지 못하면 '투자 불가'

2) 수익성

(1) 용어

- 자기자본이익률(ROE): 자기자본 대비 얼마나 큰 이익을 냈는지 나타내는 비율
  (순이익÷자기자본)×100(%)
- 총자산이익률(ROA): 부채를 포함한 총자산 대비 얼마나 큰 이익을 냈는지 나타내는 비율

(순이익÷총자산)×100(%)

- 순이익률(Net Profit Margin): 매출액에서 순이익이 차지하는 비율

  (순이익÷매출액)×100(%)

(2) 논리

- 기업이 투입한 자기자본 대비해서 돈을 많이 벌수록 능력 있는 기업이다. 따라서 ROE가 높을수록 좋다.
- 기업이 부채를 일으켜서 사업을 운영할 때는 부채가 효율적으로 돈을 벌도록 활용되어야 한다. 즉, 빌린 돈(레버리지)을 활용하는 능력이 좋아야 한다. 따라서 ROA가 높을수록 좋다.
- 매출액이 아무리 많아도 과도한 영업비용 등으로 남는 돈이 없으면 비효율적이다. 따라서 순이익률이 높을수록 좋다.

(3) 판단 기준

그룹	지표	항목	기준	조건
A	ROE	1	최근 5년간 최저 ROE	5% 이상
B	ROA	1	최근 5년간 최저 ROA	5% 이상
C	순이익률	1	최근 5년간 최저 순이익률	5% 이상

(4) 평가 기준

- 3개의 항목 모두 만족하면 '투자 가능'

- 3개의 항목 중 2개만 만족하면 '투자 고려'
- 위 기준을 만족하지 못하면 '투자 불가'

3) 성장성

(1) 용어
- 매출액
- 순이익
- 장부가치

(2) 논리
- 과거 5년간 매출액이 늘었는데 그중 최근 3년간 더 크게 늘었으면 매출액 기준으로 성장 중인 기업이다.
- 과거 5년간 순이익이 늘었는데 그중 최근 3년간 더 크게 늘었으면 순이익 기준으로 성장 중인 기업이다.
- 과거 5년간 장부가치가 늘었는데 그중 최근 3년간 더 크게 늘었으면 장부가치 기준으로 성장 중인 기업이다.

(3) 판단 기준(연평균 기준)

그룹	지표	항목	기준	조건
A	(최근 3년간) 매출액 순이익 장부가치	1	(1) 최근 5년간 매출액 성장률 (2) 최근 3년간 매출액 성장률	다음 중 1개 이상 만족 (1)은 1% 이상이며, (2)는 (1)의 1.5배 이상 (2)가 10% 이상
		2	(1) 최근 5년간 순이익 성장률 (2) 최근 3년간 순이익 성장률	다음 중 1개 이상 만족 (1)은 1% 이상이며, (2)는 (1)의 1.5배 이상 (2)가 10% 이상
		3	(1) 최근 5년간 장부가치 성장률 (2) 최근 3년간 장부가치 성장률	다음 중 1개 이상 만족 (1)은 1% 이상이며, (2)는 (1)의 1.5배 이상 (2)가 10% 이상
B	(최근 5년간) 매출액 순이익 장부가치	1	최근 5년간 매출액 성장률	5% 이상
		2	최근 5년간 순이익 성장률	5% 이상
		3	최근 5년간 장부가치 성장률	5% 이상

(4) 평가 기준

- A그룹의 모든 항목과 B그룹의 항목 중 2개 이상 만족하면 '투자 가능'
- A그룹의 모든 항목과 B그룹의 항목 중 1개만 만족하면 '투자 고려'
- 위 기준을 만족하지 못하면 '투자 불가'

이렇게 '안정성', '수익성', '성장성' 등 3가지 요소에서 평가를 하고, 최종적으로 기업에 대한 종합투자 등급을 부여한다. 기준은 다음과 같다.

등급	기준
AA	총 13개 판단 항목 모두 만족
A0	3가지 평가 요소(안정성, 수익성, 성장성) 중 '투자 가능' 3개 (13개 판단 항목 모두를 만족하지는 않음)
BB	3가지 평가 요소(안정성, 수익성, 성장성) 중 '투자 가능' 2개와 '투자 고려' 1개
B0	3가지 평가 요소(안정성, 수익성, 성장성) 중 '투자 가능' 1개와 '투자 고려' 2개
C0	3가지 평가 요소(안정성, 수익성, 성장성) 중 '투자 고려' 3개

이 방법으로 모든 기업에 투자 등급을 책정하고 나면, 최소 C0 이상 등급의 기업들만 추려서 나의 투자 종목 리스트에 올린다. 참고로 위의 기준을 적용하면 5,000개가 넘는 미국 주식 종목 중에서 나의 투자 종목 리스트에 등재되는 기업은 보통 100여 개에 불과하다.

차트 활용

기본적으로 나는 차트 보는 것을 좋아하지 않는다. 차트는 심리에 따라 만들어지는 것으로 기업의 펀더멘털을 제대로 반영할 수 없다는 생각이기 때문이다. 그러나 차트를 완전히 무시할 수는 없다. 차트는 한 기업에 대한 수많은 주식 투자자들의 의견을 종합해서 나온 최종 결과이며, 결국 주식 투자자가 기업 경영진의 능력을 단적으로 평가할 수 있는 정보는 차트다. 그래서 최소한 참고 정도는 할 필요가 있다.

좋은 기업은 꾸준히 성장하며 돈을 잘 버는 기업이다. 따라서 좋은 기업의 차트는 장기적으로 봤을 때 우상향한다. 그리고 종잡을 수 없이 큰 등락을 보이기보다 어느 정도 일관성을 유지한다. 나는 연간 단위의 재무 정보를 활용하며 큰 흐름의 주가 변동을 보기 위해 월봉 차트를 참고한다.

몇 가지 사례를 살펴보자.

좋아 보이는 차트

장기간 꾸준히 우상향하는 모습을 보여준다. 2020년 초 팬데믹 시기를 제외하면 그렇게 심한 등락이 보이지 않는다.

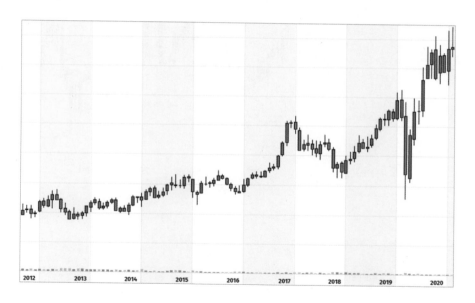

안 좋아 보이는 차트

우상향 추세를 보이지 않는다.

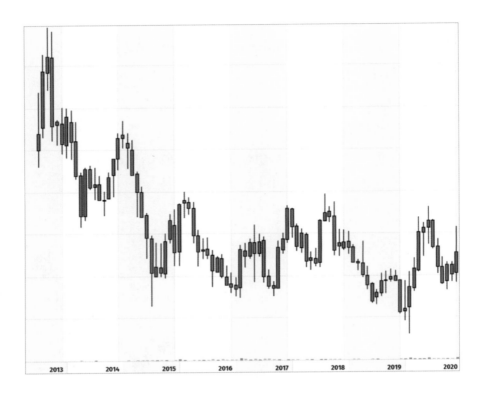

2015년 이후로는 어느 정도 우상향 추세를 보여주지만, 등락이 너무 심한 느낌이다.

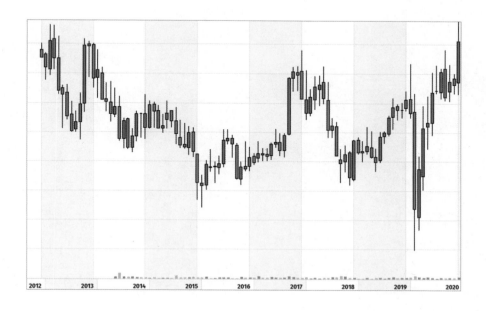

나는 투자 종목 리스트를 만들 때는 차트를 전혀 고려하지 않는다. 그러나 차트를 보면 기업에 대한 직관적인 느낌을 얻을 수 있기 때문에, 투자를 할지 말지 판단할 때는 차트를 참고한다. 차트가 투자 판단의 절대적인 기준이 될 수는 없지만, 큰 흐름의 추세는 참고할 만하다.

기업의 실적을 기준으로는 주가가 도저히 설명되지 않는 기업들이 있다. 2020년 기준으로 테슬라(티커: TSLA) 같은 기업이 대표적인데, 2020년 말 테슬라의 PER은 927.75이다. 이는 투자 원금을 회수하는 데 927년 이상 걸린다는 의미인데, 그럼에도 불구하고 그 높은 주가로 매수하는 사람이 있다는 것은 선뜻 이해하기 어렵다. 이는 사람들이 기업의 미래 가치를 단순히 실적이 아닌 다른 어떤 요소에 의해 높게 평가한다는 뜻이다.

Chapter 4

적정 주가 계산하기

주가 계산

주가 계산의 목적

이제부터는 이 책에서 가장 어려울 수도 있는 파트인 주가를 계산하는 방법에 대해 알아보자. 주가를 계산하는 방법에 절대 공식이 있는 것은 아니다. 그러나 잘 알려진 몇 가지 공식을 통해 그들이 어떤 근거로 주가를 계산하는지 알아보고 그 근거가 얼마나 합리적인지 고찰해보는 것은 대단히 중요하다. 결국 우리는 자신만의 합리적인 주가 산정을 해야 하기 때문이다. 따라서 이번 파트에서 제시하는 공식을 외우기보다 공식의 근거와 접근 방법에 대한 이해에 주력하는 편이 좋다. 특히 주가 계산 공식들은 '부록'에서도 반복해서 제시되기 때문에 암기할 필요는 없다.

주가 계산 공식을 알아보기에 앞서 투자의 원칙을 다시 한번 상기시켜 보자.

1) 좋은 자산을 찾는다.

2) 싸게 산다.

3) 충분히 기다린다.

우리는 앞에서 좋은 자산을 찾기 위한 방법으로 주식 투자 종목 리스트를 만드는 것에 대해 생각해보았다. 그다음으로는 좋은 자산을 싸게 사기 위한 방법에 대해 생각해야 하는데, 이때 필요한 것이 기준 금액을 책정하는 것이다. 내가 매수하려는 주식의 적정 금액을 책정해야만 그 적정가보다 싸게 살 수 있기 때문이다.

투자에서 자산을 '싸게' 산다는 것은 매우 중요하다. 당연한 말처럼 들리지만, 많은 사람이 이 부분을 간과하고 실수를 저지르는 경우가 많다. 간단한 예를 들어 설명해보겠다. 누가 봐도 아주 좋은 어떤 기업이 있고 이 기업의 현재 주식 시세가 10만 원이라고 가정해보자. 이 기업이 전도유망하여 앞으로 실적이 최소 2배는 성장할 것으로 예상된다면, 이 기업의 주가도 현재가의 2배인 20만 원이 될까? 그럴 수도 있고 아닐 수도 있다. 만약 현재 실적에 따른 적정 주가를 계산해보니 5만 원이었다면 앞으로 실적이 2배 성장했을 때 적정 주가가 10만 원이 되어야 한다. 그런데 이미 현재 주가가 이 기업의 성장 가능성을 반영한 10만 원이기 때문에 현재 가격에 계속 머물러 있을 수도 있는 것이다.

대부분의 사람은 적정 주가를 계산하지 않고 앞으로 실적이 좋아질 것이라는 전망만으로 주식을 매수한다. 위의 경우라면 현재 적정가가 5만 원인 주식을 매우 고가인 10만 원에 매수한 격이 되는 것이다. 안타깝게도 대부분의 사람은 주식의 현 시세만 알고 있을 뿐, 적정가는 모르기 때문에 앞으로 추세적인 가격이 오를지 떨어질지 추측조차 할 수 없는 것이다. 물론 기대했던 대로 실적이 2배 좋아지고 주가도 2배인 20만 원으로 오를 가능성도 있다. 그러나 그렇게 되기 위해서는 사람들의 기대심리가 계속 유지되어야 한다. 만약 심리가 꺾인다면 그 주식은 실적이 성장하지만, 주가는 오히려 내려갈 가능성도 있다.

우리는 돈을 벌기 위한 욕심 때문에 '현재도 이미 비싸지만 앞으로 더 많이 오를 것 같은 주식'을 매수해서는 안 된다. 그렇게 하면 상승장에서는 남들처럼 돈을 벌 수 있을지 몰라도, 하락장에서는 돈을 잃게 될 가능성이 매우 높다. 어떤 상황에서도 돈을 잃지 않기 위해서는 주식을 '싸게' 사서 돈을 잃을 가능성을 줄여야 한다. 그래서 주식의 적정 가격을 책정하고 그보다 싸게 사는 것이 중요한 것이다.

그런데 과연 모든 주식 종목에 적용해서 가치 기반으로 정확한 주가를 계산할 방법이 존재할까? 그런 방법은 절대로 없다. 기업의 가치는 상황에 따라 변하며, 가격은 사람들의 심리에 따라 끊임없이, 실시간으로 등락하는 숫자이기 때문이다. 그렇다면 적정 주가를 계산하는 것에 어떤 의미가 있을까? 주가를 계산하는 모든 공식은 나름의 근거와 논리에 의해 만들어졌기 때문에 공식을 통해 계산된 주가는 현실과 괴리가 있을지라도 터무니없지는 않다. 즉, 계산된 적정 주가를 기준으로 주식 매매를 하면 최소한 터무니없이 비싼 가격에 매수하는 것은 피할 수 있다. 그리고 주가 기준이 있기 때문에 최대한 저가에 매수하려는 시도를 할 수 있다. 또한 나의 매수가 보다 주가가 더 낮게 내려갈 때도 앞으로 반등할 것이라는 확신을 가지고 기다릴 수 있다. 주가는 결국 기업 가치에 따라 적정 주가에 수렴할 것이기 때문이다.

이어지는 내용에서 주가를 계산하는 몇몇 공식을 소개하고, 그 공식들을 근거로 나의 적정 주가와 매수가 그리고 매도 목표가를 구하는 방법에 관해 설명할 것이다. 그에 앞서 한 가지 반드시 잊지 말아야 할 점이 있다. 다시 한번 강조하지만, 우리의 목표는 절대로 돈을 잃지 않는 투자를 하는 것이다. 따라서 할 수 있는 최대한 보수적인 접근으로, 내가 최종적으로 결정하는 적정 주가는 너무 심하지 않을까 싶을 정도로 낮은 금액이어야 한다. 너무 낮게 책정해서 좋은 주식을 매수할 기회를 놓치게 되더라도 말이다.

준비 사항

다음 장에서 주가를 계산하는 공식 3가지를 소개하겠다. 참고로 그 공식 중 2가지는 대니얼 타운의 《아빠와 딸의 주식 투자 레슨》에서 소개되었다.

공식으로 주가를 계산하기 위해서는 공식에 적용되는 수치(지표)를 미리 준비해야 한다. 그중에는 '순이익(Earning)'이나 '발행주식 수(Shares)'처럼 재무제표에서 쉽게 찾을 수 있는 숫자들도 있지만, '잉여현금흐름(FCF)'처럼 별도로 계산해야 하거나, 향후 '예상 성장률'처럼 주관적인 판단이 필요한 숫자도 있다.

먼저 필요한 숫자(지표)들을 얻기 위해서는 소스가 필요하다. 한국 주식의 경우 '금융감독원 전자공시시스템(dart.fss.or.kr)'에서, 미국 주식의 경우 '미국 증권거래위원회(www.sec.gov)'에서 재무제표를 검색할 수 있다. 그러나 그렇게 검색해서 숫자를 구하는 것은 내가 추구하는 방식이 아니다. 데이터를 얻는 방법은 가장 편리하고 시간 소요가 적어야 한다. 예를 들면 '잉여현금흐름(FCF)' 같은 지표는 이미 계산된 값을 보여주는 인터넷 사이트를 활용해야 한다. 그리고 과거 다년간의 재무제표를 가급적 한 페이지에 동시에 보여주는 서비스를 이용하는 것이 편하다. 그래서 자신에게 잘 맞는 주식 정보 제공 사이트를 찾아서 활용할 필요가 있는데, 내가 주로 쓰는 사이트는 한국 주식은 '네이버 증권'이고 미국 주식은 'Stockrow(stockrow.com)'이다.

공식에서 나오는 지표 중, 가장 머릿속을 복잡하게 만드는 것은 아마 '잉여현금흐름(FCF)'과 '예상 성장률'일 것이다. 각각의 지표에 대한 설명은 다음과 같다. (이해만 하고 넘어가면 되기 때문에 부담 없이 읽기 바란다.)

잉여현금흐름(FCF, Free Cash Flow)

잉여현금흐름은 기업의 영업활동으로 벌어들이는 전체 현금에서 기업 활동에 필요한 현금을 뺀 값이다. 정확한 의미는 조금 차이가 있을 수 있지만, 기업이 벌어들인 돈 중에서 부담 없이 원하는 대로 쓸 수 있는 현금이라고 이해하면 쉬울 것이다.

잉여현금흐름을 계산하는 방법도 몇 가지가 있는데, 그중 가장 복잡한 공식은 다음과 같다.

잉여현금흐름 = 순이익 + 감가상각비 - 자본적지출 - 순운전자본증감

일단 각각의 용어를 이해하기도 쉽지 않지만, 재무제표에서 하나하나 찾아내어 계산하기란 여간 복잡한 일이 아니다. 따라서 잉여현금흐름을 이미 계산해서 알려주는 사이트를 이용하는 편이 현명하다.

예상 성장률

예상 성장률은 말 그대로 앞으로의 성장률을 '예상'한 숫자다. 따라서 주관적인 판단이 들어갈 수밖에 없다. 주관적인 판단을 위해서는 경제의 흐름을 전망하고 산업 동향과 기술 발전을 예측할 수 있는 능력이 필요하다. 게다가 기업 경영진의 능력과 내부사정은 어떤지, 기업이 갖춘 경제적 해자는 얼마나 강력한지 등을 종합적으로 판단할 수 있어야 한다. 그러나 우리에게는 그러한 능력이 없기 때문에 합리적인 선에서 논리적 근거로 접근해야 한다. 그렇게 하기 위해 나는 과거의 데이터를 활용한다. 많은 사람은 기업의 과거 데이터를 바탕으로 미래 주가를 예측하는 것은 무의미하다고 말한다. 하지만 나는 그들의 생각에 동의하지 않는다. 당연하게도 기업의 현재 주가는 과거의 데이터들이 축적되어 이루어진 결과물이며, 미래 주가를 이루기 위한 과정이기도 하다.

내가 과거의 데이터에 의존하는 근거는 기본적으로 '관성'에서 나온다.

가치의 변화를 포함하여 세상의 모든 움직임에는 관성이 작용한다. 이를 숫자로 예를 들자면, 가치가 정점일 때를 100이라고 가정했을 때 가치의 변화는 '30 〉 60 〉 100 〉 60 -〉 30'처럼 움직이지, '0 〉 100 〉 0 〉 100'처럼 움직이지는 않는다는 의미이다. 만약 오랜 시간 꾸준히 성장세에 있던 어떤 기업이 망하더라도 하루아침에 갑자기 망하지는 않을 것이고, 성장세가 서서히 둔화하다가 망할 것이라는 뜻이다. 이와 같은 근거로 내가 '예상 성장률'을 책정하는 논리 근거는 다음과 같다.

(1) 전문가의 컨센서스(목표 주가)와 현재 주가를 비교하면, 전문가들이 생각하는 성장률을 구할 수 있다. 다만 컨센서스는 언제든지 하향 조정될 수 있기 때문에 안전마진을 넣어서 계산된 값보다 더 낮게 잡아야 한다.

(2) 과거 5년간 연평균 성장률보다 최근 3년간 연평균 성장률이 더 높다면 성장세의 관성이 있다. 성장세가 하락하더라도 향후 2~3년 정도는 과거 5년간의 연평균 성장률 정도는 지킬 수 있을 것이다. 그래도 혹시 모르니 과거 5년 평균 성장률보다 조금 더 낮게 잡아야 안전하다.

위의 로직으로 내가 성장률을 책정하는 방법은 다음과 같다.

방법	공식	설명
1	(컨센서스-기준 주가) ÷기준주가 x 0.8	- 컨센서스는 공개된 전문가 컨센서스들의 평균값이다. - 기준 주가는 '지난달 시초가와 종가 중 높은 주가'이다. 기준 주가가 높을수록 성장률은 낮아진다. 보수적 접근을 위해 최대한 성장률을 낮게 잡아야 하므로, 둘 중 높은 값을 참조한다. - 0.8: 안전마진 20%
2	과거 5년간 최소 ROE x (1 - 과거 5년간 최대 배당 성향) x 0.8	- ROE는 그 자체로 기업이 현실적으로 달성할 수 있는 성장률을 나타낸다. 보수적 접근을 위해 과거 데이터 중 가장 낮은 값을 참조한다. - 배당금 지급은 기업의 가치 성장과 관련 없이 순수하게 이익을 소비하는 것으로 본다. 배당 성향이란 기업의 순이익 중에서 배당금으로 지급하는 비율이다. 보수적 접근을 위해 과거 데이터 중 가장 높은 값을 참조한다. - 0.8: 안전마진 20%
3	과거 5년간 연평균 주가 상승률 x 0.8	- 주가는 결국 실적을 따라가기 때문에 주가 상승률은 곧 실적의 성장률로 볼 수 있다. 5년간 상승률을 단순히 5로 나눈 값이 아닌 연평균 상승률을 참조해야 한다. - 0.8: 안전마진 20%
4	주관적 판단 x 0.8	- 직관적이든 어떤 정보를 통하든 자신이 생각하고 판단하는 미래 성장률이다. - 향후 해당 산업의 동향, 시장의 변화, 경기 주기, 기업의 기술 발전 등 최대한 많은 요소를 생각하며 결정한다. - 0.8: 안전마진 20%
최종 결정 예상 성장률: 위 4가지 예상 성장률 중 가운데 2개 값의 평균		

나는 이런 방법으로 기업의 예상 성장률을 책정하는데, 이보다 훨씬 더 합리적이고 좋은 방법이 많을 것이다. 자신의 성향과 논리에 근거해서 주체적으로 예상 성장률을 구하는 방법을 찾아내길 바란다.

결국에는 이 예상 성장률을 정확하게 책정하는 실력이 곧 투자 실력이며, 우리가 점점 키워가야 할 궁극적인 능력이다.

흔히 알려진 공식들

멀티플 기준

먼저 PER(주가수익비율)의 구성에 대해 생각해보자. PER은 주가(Price)를 EPS(주당순이익)로 나눈 값이다.

$$PER = \frac{Price}{EPS}$$

그렇다면 PER에 EPS를 곱하면 주가(Price)가 나온다.

$$PER \times EPS = \frac{Price}{EPS} \times EPS = Price$$

가장 대표적인 국내 주식 '삼성전자'를 예로 들어보자.

주요재무정보	최근 연간 실적			
	2018.12	2019.12	2020.12	2021.12 (E)
	IFRS 연결	IFRS 연결	IFRS 연결	IFRS 연결
매출액(억원)	2,437,714	2,304,009	2,368,070	2,775,008
영업이익(억원)	588,867	277,685	359,939	528,086
당기순이익(억원)	443,449	217,389	264,078	402,573
영업이익률(%)	24.16	12.05	15.20	19.03
순이익률(%)	18.19	9.44	11.15	14.51
ROE(%)	19.63	8.69	9.98	14.17
부채비율(%)	36.97	34.12	37.07	
당좌비율(%)	204.12	233.57	214.82	
유보율(%)	27,531.92	28,856.02	30,692.79	
EPS(원)	6,024	3,166	3,841	5,841
PER(배)	6.42	17.63	21.09	11.95
BPS(원)	35,342	37,528	39,406	43,024
PBR(배)	1.09	1.49	2.06	1.62
주당배당금(원)	1,416	1,416	2,994	1,667
시가배당률(%)	3.66	2.54	3.70	
배당성향(%)	21.92	44.73	77.95	

2019년 12월 기준으로 PER은 17.63이고(1) EPS는 3,166원이다(2). 따라서 PER과 EPS를 곱하면 55,816.58이고, 이는 2019년 12월 30일 종가인 55,800원과 일치한다(호가 단위에 따라 6.58원 절사).

결론적으로 주가는 PER과 EPS의 곱이다.

주가(Price) = PER × EPS

EPS는 기업이 실제로 달성한 실적이고, PER은 주가의 변화에 따라 변동되는 지표이다. 여기서 이 PER이 바로 주식에서 말하는 '멀티플(Multiple)'이다. 그런데 앞서 설명했듯이 PER은 기업의 미래 가치 성장에 대한 사람들의 기대치이다. 즉, 기업의 EPS와 사람들이 기대하는 기업 가치의 성장에 대한 기대치인 '멀티플'에 따라 현재 거래되는 주가가 형성되는 것이다. 따라서 이 기업의 미래 가치 성장에 대한 나의 기대치, 다시 말해 내가 책정하는 멀티플을 적용하면 내가 판단하는 이 기업의 적정 주가가 된다.

내가 판단하는 적정 주가(Price) = 내가 책정하는 멀티플 × EPS

그런데 멀티플을 어떻게 책정할 수 있을까? 가장 간단하게는 ROE(자기자본이익률)를 멀티플로 사용할 수 있다. 왜냐하면 기업이 현실적으로 성장할 수 있는 최대치는 ROE이기 때문이다. 성장에 대한 기대심의 크기는 PER이고 현실적으로 성장 가능한 최대 크기는 ROE이다. 따라서 PER 대신 ROE를 멀티플로 사용하면 기업의 현실적인 적정 주가가 되는 것이다. 여기서 PER은 배수 단위이고, ROE는 % 단위이기 때문에 ROE에는 100을 곱해줘야 한다. 그리고 배당금을 지급하는 경우 배당금만큼 순이익에서 제외해줄 필요가 있다. 배당금은 기업의 가치 성장을 위해 쓰는 것이 아닌 주주이익으로 소모되는 금액이기 때문이다.

정리하면 ROE를 멀티플을 사용해서 간단하게 적정 주가를 구하는 공식은 다음과 같다.

주가(Price) = 자기자본이익률(ROE) × 100 × EPS × (1 - 배당성향)

또는 주가(Price) = 자기자본이익률(ROE) × 100 × (EPS - 주당배당금)

위의 공식으로 2019년 말 기준 '삼성전자'의 적정 주가를 계산하면 다음과 같다.

지표

ROE: 8.69%	EPS: 3,166
배당성향: 44.73%	주당배당금: 1,416

적정 주가

8.69% x 100 x 3,166 x (1 - 44.73%) = 15,206.18원
8.69% x 100 x (3,166 - 1,416) = 15,207.50원

이렇게 ROE를 멀티플로 사용하면 간단하게 적정 주가를 계산할 수 있다. 그런데 멀티플은 다양한 외부 요인의 영향을 받으며 업종에 따라서도 다르게 적용해야 한다. 단순히 ROE를 사용하면 위의 2019년 말 기준 '삼성전자' 주가와 같이 현실과는 괴리가 있는 주가가 계산되어 나오기도 한다. 그래서 멀티플을 주관적인 기준으로 책정할 필요도 있으나 우선은 최대한 주관을 배제하고 ROE를 그대로 적용한다. 이렇게 계산한 적정 주가를 어떻게 활용할지에 대해서는 이후에 다시 설명하도록 하겠다.

투자금 회수 기간 기준

투자금을 얼마나 빨리 회수할 수 있을 것인지에 따라 적정 주가를 계산할 수도 있다. 이때 사용되는 지표는 FCF(잉여현금흐름)와 예상 성장률이다.

어떤 기업을 인수한다고 가정해보자. 내가 한 기업을 인수했을 때, 기업에서 매년 발생하는 FCF는 내가 기업에 투자함으로써 온전히 회수할 수 있는 이익금이다. 만약 기업의 인수금액이 100억 원이고 매년 10억 원의 FCF가 발생한다면 내가 투자한 원금 100억 원을 완전히 회수하는 데 10년이 걸리는 셈이다.

이번에는 FCF를 기준으로 기업의 적정 인수 가격을 생각해보자. 어떤 기업에서 현재 발생하는 연간 FCF가 10억 원이고, 이 기업은 매년 12% 성장할 것으로 기대된다고 가정하자. FCF는 기업의 성장과 동일하게 매년 12% 성장한다. 그리고 나는 이 기업을 인수할 때 필요한 투자원금을 8년 만에 회수하고 싶다. 그러면 다음과 같이 정리된다.

(억 원)

투자기간	잉여현금흐름	회수금(누적)
투자원년	10.00	
1년	11.20	11.20
2년	12.54	23.74
3년	14.05	37.79
4년	15.74	53.53
5년	17.62	71.15
6년	19.74	90.89
7년	22.11	113.00
8년	24.76	137.76

따라서 만약 내가 137.76억 원에 이 기업을 인수하면 8년 뒤 나의 투자원금은 완전히 회수된다(물론 이보다 싸게 인수하면 더욱 빨리 회수할 수 있다). 이를 주식으로 바꿔서 생각하면 기업을 인수하는 데 필요한 최대 금액 137.76억 원은 시가총액이며, 이 시가총액을 총 발행 주식 수로 나누면 1

주당 가격인 주가가 된다.

이런 기준으로 적정 주가를 계산하는 공식을 만들어보자. 내가 참조한 공식 설명에 따르면 투자금 회수 기간은 8년이 적당하다고 하니 그대로 따르기로 한다.

$$\text{적정 주가 (Price)} = \text{FCF} \times \frac{(1+\text{예상성장률})^9 - (1+\text{예상 성장률})}{\text{예상 성장률}} \div \text{발행 주식 수}$$

이 공식으로 2019년 말 기준 '삼성전자'의 주가를 계산해보면 다음과 같다. 예상 성장률은 계산의 편의를 위해 15%로 임의 설정했다.

지표

FCF: 200,152억 원   예상 성장률: 15%
발행 주식 수: 5,969,782,550

적정 주가

20,015,200,000,000 x {(1+0.15)^9 - (1+0.15)} ÷ 0.15 ÷ 5,969,782,550 = 52,926.01원

안전마진 기준

이번에 소개할 방법은 안전마진을 기준으로 주가를 계산하는 방법이다. 기본 개념은 기업의 예상 성장률을 바탕으로 미래 주가를 예상하고, 적정 투자 수익률을 고려했을 때 현재 얼마에 사면 되는지를 계산하는 것이다. 이때 예상하는 주가에 도달하지 못할 수도 있기 때문에 안전마진을 두어 이보다 낮은 금액으로 주가를 계산하는 것이 핵심이다. 정리하면 주가 계산 순서는 다음과 같다.

1) 10년 후 주가 계산

2) 투자 수익률과 안전마진을 고려한 현재 적정 매수가 계산

계산은 간단하지만, 설명이 조금 복잡할 수 있으니 단계별로 천천히 알아보자.

1) 10년 후 주가 계산

우리는 앞서 주가는 PER(멀티플)과 EPS를 곱하면 나온다는 것을 확인했다. 따라서 미래 예상 주가는 예상 PER(멀티플)과 예상 EPS를 곱한 금액이다. 그렇다면 우선 예상 PER(멀티플)과 예상 EPS를 구해야 한다.

먼저 예상 PER(멀티플)을 구하는 방법은 두 가지가 있다.

첫째, 예상 성장률에 200을 곱한 값이다. 내가 참조한 공식 설명에서 경험적으로 그렇게 하면 적당히 쓸 만한 PER(멀티플)을 구할 수 있다고 하니 그대로 따르기로 한다.

둘째, 역사적으로 달성한 최대 PER을 그대로 사용한다. 이 또한 내가 참

조한 공식 설명을 그대로 따른 것인데, 10년 후 PER이기 때문에 기업이 성장한다는 전제로 과거의 PER 중 최댓값을 사용하는 개념으로 이해된다. 이렇게 두 가지 방법으로 구한 PER(멀티플) 중 낮은 숫자를 택한다. 멀티플이 낮을수록 주가는 낮게 계산되어 더 안전하기 때문이다.

다음으로 예상 EPS를 구해야 하는데 방법은 간단하다. 예상 성장률에 따라 기업이 성장한다면 10년 후 기업의 EPS는 "현재 EPS × (1+예상 성장률)^{10}"으로 계산할 수 있다.

이를 공식으로 정리하면 다음과 같다.

10년 후 PER(멀티플) = (예상 성장률 × 200) 또는 (역사적 최고 PER) 중 낮은 수

10년 후 EPS = 현재 EPS × (1+예상 성장률)^{10}

⇒ 10년 후 주가 = 10년 후 멀티플 x 10년 후 EPS

2) 투자 수익률과 안전마진을 고려한 현재 적정 매수가

10년 후 주가는 내가 그 주식을 10년 뒤에 매도할 수 있는 금액이다. 우리는 10년이라는 투자 기간을 고려하여 현재 그 주식을 얼마에 매수하면 괜찮은 투자가 될 수 있을지 판단하면 된다.

내가 참조한 공식에 따르면 괜찮은 투자 수익률을 연간 15%로 잡는다. 즉, 연 복리 수익률 15% 기준이다. 향후 10년간 매년 15% 수익을 올린다면 투자 원금은 10년 뒤 약 4배로 늘어난다(1.15^{10} = 4.05). 따라서 10년 후 예상되는 주가의 1/4 가격으로 매수하면, 10년간 연 복리 15% 투자 수익률을 올릴 수 있다. 예를 들어 지금 어떤 주식을 1만 원에 매수해서 10년

뒤 4만 원에 매도하면 연 복리 투자 수익률은 약 15%이다. 그런데 이는 예상일 뿐 실제로 예상대로 주가가 상승해주지 않는다면 원하는 투자 수익률을 달성할 수 없다. 따라서 추가적인 안전마진이 필요하다. 이를 위해 계산된 현재 주가의 절반에 매수하는 것으로 한다. 결론적으로 연 복리 투자 수익률 15%를 감안하여 10년 후 주가의 1/4인 가격에 한 번 더 안전마진 1/2을 곱하여 최종적인 적정 현재가를 결정하는 것이다. 안전마진을 두기 위해 적정 주가를 절반으로 만드는 것이 가혹하다고 생각할 수도 있으나, 최대한 보수적으로 접근하는 것이 안전하다. 나는 참조한 공식을 그대로 따라 안전마진을 1/2로 적용하는데, 각자의 판단에 따라 가감이 가능한 부분이다. 결론적으로 안전마진 1/2을 적용하면, 10년 후 예상 주가의 1/8 가격이 현재의 적정 매수가이다. 정리하면 다음과 같다.

(현재) 적정 매수가 = 10년 후 (예상) 주가 ÷ 8

위의 단계에 따라 안전마진 기준으로 현재 적정 매수가를 계산하는 공식을 만들면 다음과 같다.

적정 주가(Price) = 멀티플* x EPS x (1+예상 성장률)^{10} ÷ 8

* 예상 성장률 x 200 또는 역사적 고점 PER 중 낮은 수

이 공식에 따라 다시 한번 2019년 말 기준 '삼성전자'의 적정 주가를 계산해보자. 예상 성장률은 마찬가지로 15%로 임의 설정했다.

지표

EPS: 3,166
예상 성장률: 15%
멀티플*: 17.63
*편의상 예상 성장률의 200배인 30과 2019년 기준 PER 17.63중 낮은 수

적정 주가

17.63 x 3,166 x $(1 + 0.15)^{10}$ ÷ 8 = 28,226.15원

PDR에 대해서

기업의 실적을 기준으로는 주가가 도저히 설명되지 않는 기업들이 있다. 2020년 기준으로 테슬라(티커: TSLA) 같은 기업이 대표적인데, 2020년 말 테슬라의 PER은 927.75이다. 이는 투자 원금을 회수하는 데 927년 이상 걸린다는 의미인데, 그럼에도 불구하고 그 높은 주가로 매수하는 사람이 있다는 것은 선뜻 이해하기 어렵다. 이는 사람들이 기업의 미래 가치를 단순히 실적이 아닌 다른 어떤 요소에 의해 높게 평가한다는 뜻이다.

이처럼 주식 투자에 있어 전통적으로 사용하던 PER이나 PBR 같은 지표로는 이해가 되지 않는 기업의 주가를 설명하는 PDR이라는 비교적 최신의 지표가 등장했다. PDR은 Price to Dream Ratio의 약자로, 해석하면 '주가(Price)'와 '꿈(Dream)'의 비율이다. 즉, 기업의 미래 가치에 대한 기대치를 실적 같은 근거가 아닌 꿈과 같은 희망을 바탕으로 계산하는 지표이다.

PDR을 계산하는 공식은 다음과 같다고 한다.

$$PDR = \frac{\text{시가총액}}{\text{10년 후 해당 산업의 시장 규모} \times \text{예상 시장점유율}}$$

과연 PDR은 참고할 만한 지표일까? 결론부터 말하자면, 나는 PDR이라는 지표에 상당히 부정적인 시각을 가지고 있다. 위의 공식에서도 볼 수 있듯이 PDR을 계산하기 위해서는 어떤 특정 산업의 미래 시장 규모와 특정 기업의 해당 시장 점유율을 예측해야 하는데, 예측해야 하는 범위가 너무나 방대하다. 앞에서 설명했던 주가 계산 공식에 사용되는 예상 성장률과는 비교가 되지 않는다. 그리고 아무리 기업의 가치는 꿈을 먹고 자란다는 식으로 포장하더라도 결국 주주가 얻는 실질적 이득은 순이익이다. 실적을 내지 못하는 기업은 주주에게 이득을 가져다줄 수 없다. 따라서 PDR을 기준으로 기업의 주가를 설명하는 것은 근거 없는 낙관론으로 과도하게 높은 PER을 억지로 이해시키려는 현혹에 불과하다는 생각이다.

물론 PDR은 일반적으로 널리 사용되지도 않고 주식 투자자가 쉽게 접할 수 있는 지표도 아니다. 그러나 만약 앞으로 점점 더 PDR과 같은 지표가 등장하고 그를 투자 판단에 활용하는 분위기가 조성된다면 시장이 심하게 과열되고 있다는 신호로 받아들일 준비가 되어 있어야 할 것이다.

마지막으로 한 번 더 강조하자면 일반 투자자, 특히 가치 투자자들이 가장 의지하고 투자의 판단 기준으로 삼아야 하는 숫자는 '꿈'이 아닌 '실적'이다.

리스크 줄이기

"깎아주세요"

어떤 물건을 구매할 때 우리는 최대한 가격을 비교해서 싸게 사려고 한다. 그리고 가격이 비싸다고 생각되면 구매하지 않는다. 물건을 싸게 사려는 근본적인 이유는 손해 보지 않으려는 마음 때문이다. 물건을 살 때 손해를 보지 않으려면 그 물건의 적정가 또는 더 낮은 가격으로 사야 한다. 하지만 어떤 물건을 살 때 우리는 그 물건의 제조 원가, 제비용 등을 포함한 적정 가격을 정확히 알 수 없다. 그래서 차선책으로 시중의 가격을 비교하여 최저가로 사기 위해 노력한다. 내가 산 가격이 최저가이고 이후 같은 물건을 더 비싸게 파는 곳을 발견하면, 나는 그만큼 이득을 봤다고 생각할 수 있다. 반대로 내가 산 이후 같은 물건을 더 싸게 파는 곳을 발견하면, 나는 손해 봤다고 생각하게 된다. 따라서 싸면 쌀수록 손해를 볼 확률은 낮아지고 이득을 볼 확률은 높아진다.

이는 주식 투자에서도 비슷하다. 주식은 내가 매도하는 시점에 그 주식의 시장가격이 나의 매수가보다 비싸면 이득을 보는 것이고, 싸면 손해를 보는 것이다. 결과적으로 주식을 싸게 살수록 손해 볼 확률은 낮아지고 이득을 볼 확률은 높아진다.

어떤 물건을 구매할 때 가격 흥정을 하는 상황을 생각해보자. "깎아주세요"라고 말하는 상황이다. 가격을 깎아달라고 요구할 때는 무작정 깎아달라고 우기는 상황이 아닌 이상, 근거가 있어야 한다. 보통은 다음 두 가지 경우이다. 첫 번째는 '기본' 할인이다. 일반적으로 물건 가격에서 끝자리 절사와 같은 식으로 최소한의 기본 할인을 받으려고 한다. 두 번째는 '흠'에 의한 할인이다. 물건에 흠집이 있거나 변색이 되었거나 하는 상황에서 그 물건의 흠을 기준으로 할인을 요구하는 것이다.

이번에는 규모를 키워서 어떤 기업을 인수하는 상황을 가정해보자. 당연히 기업을 인수할 때도 물건과 마찬가지로 최대한 할인을 받으려고 할 것이다. 우선은 기본 할인을 요구하고, 그 기업의 약점을 근거로 더 크게 할인받으려고 할 것이다. 그런데 대부분의 사람은 주식을 매수할 때 할인에 대해 크게 생각하지 않는 경향이 있는 것 같다. 주식은 기업 소유권의 지분이므로 주식을 매수할 때도 기업 인수와 마찬가지로 할인을 요구할 필요가 있다. 주식을 매수할 때, 단순한 주식이 아닌 기업을 인수한다는 마음을 가지는 것이 좋다.

앞서 주식 투자 종목 리스트를 만들 때, 나는 기업을 AA~C0으로 총 5

개의 등급으로 분류했다. AA 등급의 기업은 나의 판단 기준에서 재무적으로 흠잡을 데가 없는 기업이다. 따라서 AA 등급의 기업에 대해서는 기본 할인만 요구하고, 그 아래 등급의 기업에 대해서는 추가적인 할인을 요구할 것이다. 나는 기본 할인을 10%로 두고 등급이 AA보다 한 단계 내려갈 때마다 추가로 2% 더 할인한 금액을 적정 매수가로 정한다(AA: 10%, A0: 12%, BB: 14%, B0: 16%, C0: 18%). 예를 들어, 공식에 따라 계산한 적정 주가가 10만 원인 주식이 있다고 하자. 만약 그 기업을 BB 등급으로 평가했다면, 기본 할인 10%에 추가로 4%를 더 할인해서 총 14%가 할인된 금액인 86,000원을 나의 매수가로 결정하는 것이다.

한편 어떤 물건을 살 때, 그 물건의 수량이 적고 수요가 많다면 웃돈을 지불해서라도 구매하는 경우가 있다. 즉, 프리미엄을 지불하는 경우이다. 주식 투자에서도 시장이 전반적으로 과열된 상황에서는 프리미엄을 지불하지 않고서는 어떠한 주식도 매수할 수 없는 경우가 생긴다. 그런데 주식은 물건과 다르다. 물건은 필요하다면 프리미엄을 지불해서라도 사야 하지만 주식은 그럴 필요가 없다. 주식이 비싸면 안 사면 그만이다. 그리고 시장의 과열이 진정되어 싼 주식이 나올 때까지 기다리면 된다. 다시 한번 우리가 추구해야 할 방향은 '절대로 돈을 잃지 않는 것'임을 상기하며, 주식에 프리미엄을 지불하는 일은 절대로 없게 하자. 우리가 원하는 것은 남들이 다 벌고 있을 때 나도 벌고, 남들이 다 잃고 있을 때 나는 잃지 않는 것이다. 할인을 받으면 받을수록 리스크는 줄어들고, 프리미엄을 지불하면 할수록 리스크는 커진다. 주식 매수를 결정하기 전에 항상 "깎아주세요"라는 마음을 가지자.

최종 매수 주가와 매도 주가

이제 드디어 실제 주식 매매를 위한 최종적인 매수 가격과 매도 가격을 결정할 차례이다. 우리는 앞서 좋은 기업을 발굴하고 몇 가지 공식을 통해 적정 주가를 계산하는 방법을 알아보았다. 그 모든 정보를 활용해서 실제로 얼마에 주식을 매수하고 얼마에 매도할지 결정해보자.

앞서 3가지 공식으로 적정 주가를 계산했던 '삼성전자'를 기준으로 해보자. 단, 기업의 예상 성장률을 임의의 숫자로 설정해서 계산했기 때문에 실제로 적당한 '삼성전자'의 주가가 아닐 수 있으며, 내가 실제 매매에 적용하는 주가도 아니라는 점을 다시 한번 강조한다. 주가를 결정하는 방법만 참고하고 주가 자체에는 의미를 두지 않기 바란다.

우선 우리가 이미 모아둔 정보를 나열해보자.

(1) 기준일: 2019-12-30 (2019년 재무제표를 참조했기 때문에 주가 기준은 2019년 말이다.)

(2) 평가등급: A0 (예시를 위해 임의로 등급을 부여했다.)

(3) 예상 성장률: 15% (편리한 계산을 위해 임의 설정)

(4) 적정 주가

   (1) 멀티플(이하, 멀티플 주가): 15,206.18원

   (2) 투자금 회수 기간(이하, FCF 주가): 52,926.01원

   (3) 안전마진(이하, EPS 주가): 28,226.15원

여기서 더 주체적인 판단을 하기 위해 한 가지 정보를 추가해보자.

5) 차트로 판단한 추세적 주가: 56,000원 (2019년 말 기준 주관적 판단)

위의 정보를 통해 먼저 2019년 말 기준 적정 주가를 결정해보자. 우리는 현재 공식으로 계산한 3가지 주가와 주관적으로 판단한 추세적 주가로 총 4가지의 주가를 가지고 있다. 그중에서 나는 차트를 통한 추세적 주가를 기준으로 한다. 시장 참여자들이 생각하는 다양한 적정 주가들의 최종 종합 결정가가 결국 실제 주가이며 이는 차트로 나타나기 때문이다. 내가 판단한 추세적 적정 주가는 56,000원이다. 이를 '기준 주가'라고 부르자. 기준 주가와 가장 가까운 주가는 'FCF 주가'인 52,926.01원이다. 즉 FCF 주가가 가장 현실에 잘 반영되고 있으며, 가장 큰 영향력을 끼치고 있다는 의미이다. 가장 영향력이 없는 주가는 '멀티플 주가'로 15,206.18원이다. 여기

서 각각 계산 주가의 영향력을 계산해보자. 이때 정해진 공식이 없다. 나는 각 주가의 영향력을 설명하기 위해 만유인력 법칙을 빌려오겠다. 그 이유는 "우주상의 모든 물체는 그들 사이에 인력이 작용하며, 그 크기는 질량의 곱에 비례하고 거리의 제곱에 반비례한다"는 만유인력의 법칙이 각 주가가 미치는 영향력을 계산하기에 적합하다고 판단했기 때문이다. 만유인력 법칙은 다음과 같다.

$$F = \frac{G \times m1 \times m2}{r^2}$$

여기서 F는 '계산 주가'가 '기준 주가'에 미치는 영향력이다. 우리는 3가지 주가의 상대적인 영향력을 구할 예정이기 때문에 만유인력 상수인 G는 의미가 없다. 따라서 G는 1로 두고 m1은 기준 주가, m2는 계산 주가 그리고 r은 각 주가의 차이로 한다.

F: 계산 주가의 영향력

m1: 기준 주가

m2: 계산 주가

r: 기준 주가와 계산 주가의 차이

멀티플 주가의 영향력

m1: 56,000

m2: 15,206.18

r: 40,793.82

따라서 F(멀티플) $= \dfrac{1 \times 56{,}000 \times 15{,}206.18}{40{,}793.82^2} = 0.51$

FCF 주가의 영향력

m1: 56,000

m2: 52,926.01

r: 3,073.99

따라서 F(FCF) $= \dfrac{1 \times 56{,}000 \times 52{,}926.01}{3{,}073.99^2} = 249.95$

EPS 주가

m1: 56,000

m2: 28,226.15

r: 27,773.85

따라서 F(EPS) $= \dfrac{1 \times 56{,}000 \times 28{,}226.15}{27{,}773.852} = 1.31$

각각의 영향력 F를 모두 더하면 총 영향력은 251.77(0.51+249.95+1.31)이다. 따라서 각각의 계산 주가가 기준 주가에 미치는 영향력을 %로 표시하면 다음과 같이 된다.

멀티플 : 0.51 ÷ 251.77 = 0.2%

FCF : 249.95 ÷ 251.77 = 99.3%

EPS : 1.31 ÷ 251.77 = 0.5%

여기서 영향력이란 실제 주가에 각각의 계산 주가가 미치는 영향의 정도이다. 따라서 각 계산 주가가 실제 주가에 미치는 영향력 %를 각각의 계산 주가에 곱하면 영향력이 반영된 금액이 나온다. 계산하면 다음과 같다.

멀티플: 15,206.18 × 0.2% = 30.91원

FCF: 52,926.01 × 99.3% = 41,870.08원

EPS: 28,226.15 × 0.5% ≒ 94.43원

이 금액들을 모두 더하면 41,995.41(30.91+41,870.08+94.43)원으로 영향력을 반영한 종합 주가이다. 그런데 나는 여기서 낮은 계산 주가일수록 영향력이 더 크면 좋을 것 같다. 그렇게 하면 조금이라도 더 낮은 금액이 책정되고 그만큼 더 안전마진이 있을 것이기 때문이다. 그래서 위의 주가 영향력을 계산하는 과정에서 가장 낮은 주가(멀티플)의 r은 3으로 나누고 가운데 주가(EPS)의 r은 2로 나누어 영향력을 조정한다(거리가 가까울수록 만유인력은 커지기 때문이다).

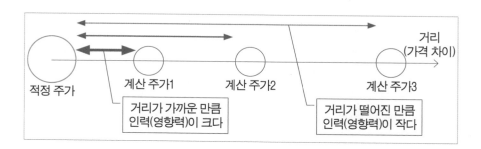

정리하면 다음과 같다.

항목		조정 전	조정 후
기준주가	m1	56,000	56,000
멀티플	m2	15,206.18	15,206.18
	r	40,793.82	13,597.94
	F	0.51	4.61
	F%	0.2%	1.8%
	반영 금액	30.91	269.54
FCF	m2	52,926.01	52,926.01
	r	3,073.99	3,073.99
	F	249.95	249.95
	F%	99.3%	96.2%
	반영 금액	41,870.08	40,575,18
EPS	m2	28,226.15	28,226.15
	r	27,773.85	13,886.93
	F	1.31	5.26
	F%	0.5%	2.0%
	반영 금액	94.43	366.04
최종주가		41,995.41	41,210.76

이렇게 해서 2019년 말 기준 '삼성전자'의 적정 주가를 41,210.76원으로 산정했다. 그러면 이 주식은 향후 얼마나 상승할 것인지를 예상해보자. 예상

성장률을 15%로 했으니 1년 후 2020년 말에는 47,392.38원, 2년 후 2021년 말에는 54,501.24원으로 예상된다. 그런데 이 방법의 기본 전제는 과거 5년간 성장보다 최근 3년간 성장이 더 크다면 향후 3년 정도는 과거 5년간의 성장률 정도는 지킬 수 있을 것이라는 논리다. 따라서 최대 3년 후의 주가까지만 예상하고, 더 안전하게 하기 위해서는 향후 2년까지만 주가를 예상하는 것이 좋다. 결론적으로 2021년 말 54,501.24원을 목표 주가로 계산하자. 그렇다면 예상되는 상승 금액은 13,290.48원(54,501.24 – 41,210.76)이다. 그런데 이 주가에 대해 얼마나 확신할 수 있을까? 이 기업에 대해 잘 알고 있을수록, 산업에 대해 잘 알고 있을수록, 거시경제를 보는 눈이 정확할수록 그리고 주식 투자 경험이 많을수록 더 확신할 수 있을 것이다. 그런데 나는 크게 확신할 수 없어서 70% 정도만 믿겠다. 그래서 13,290.48원이 아닌 70% 수준으로 9,303.34원(13,290.48 × 70%)만 상승할 것으로 예상하겠다. 결론적으로 위의 과정을 통해 최종적으로 내가 판단하는 '삼성전자'의 2021년 말 예상 목표 주가는 50,514.10원(41,210.76 + 9,303.34)이다.

그러면 마지막으로 최종 매수가와 매도가를 결정해보자. 위의 계산에 따르면 '삼성전자' 주식은 2019년 말에서 2021년 말까지 2년간 9,303.34원 상승한다. 따라서 하루에 12.74원(9,303.34 ÷ (365 × 2)) 상승한다(개장일 기준으로 복리 계산을 해야 정확하지만, 기간이 짧고 큰 차이가 없기 때문에 단순하게 계산했다). 만약 2020년 6월 1일에 '삼성전자' 주식을 매수한다면, 2019년 12월 30일부터 2020년 6월 1일까지 154일이 지났기 때문에 적정 주가는 43,172.72원(41,210.76 + 12.74 × 154)이다. 여기서 나는 기본 할인

10%를 요구하고, '삼성전자'를 (임의로) A0 등급으로 평가했기 때문에 2% 추가 할인을 요구한다. 즉 12% 할인을 요구한다(만약 PER이나 PBR이 너무 높거나 어떤 다른 이유로 흠이 보인다면 요구 할인율은 더 높아질 수 있다. 중요한 점은 어떻게든 더 싸게 사야 한다는 것이다. 그래야 리스크를 줄일 수 있다). 최종적으로 나의 2020년 6월 1일 '삼성전자' 주식 매수가는 37,950원(41,172.72 × 88%=37,991.99, 호가 단위에 따라 41.99원 절사)이다. 그리고 2021년 12월 30일 기한으로 주가가 50,500원(2021년 말 예상 목표 주가, 호가 단위에 따라 14.10원 절사)에 도달하면 매도한다.

기준일	2019년 12월 30일
적정 주가	41,210.76원
예상(연간) 상승률	15%
목표매도일	2021년 12월 30일
예상 주가	54,501.24원
신뢰도	70%
예상 목표주가	50,514.10원
1일 상승액	12.74원
매수일	2020년 06월 01일
매수일 적정가	41,172.72원
요구 할인율	12%
매수가	37,950원
목표 매도가	50,500원

매수 체크리스트

좋은 기업을 발굴하고 매수가를 결정했으니 이제 매수 주문을 넣으면 된다. 사실 앞서 설명한 기준으로 주식을 매수하려고 하면 실제로 매수할 수 있는 주식 종목이 그리 많지 않다. 매수 결정가보다 주가가 낮은 주식 종목이 많지 않기 때문이다. 그래서 조건을 만족하는 주식 종목이 나타나면 섣부르게 투자하게 될 수 있다. 하지만 금액이 적당하다고 무작정 주식을 매수하면 안 된다. 혹시 모를 리스크를 피하기 위해 마지막으로 한 번 더 신중하게 확인할 필요가 있다. 그래서 체크리스트를 만들어두고 매수 결정을 할 때마다 확인하는 것이 좋다.

다음은 나의 체크리스트이다. 주식 매수를 결정할 때 최소한 이 정도는 확인하자는 수준으로 만들었다. 참고해서 본인이 중요하게 여기는 요소들로 자신만의 체크리스트를 만들어보기 바란다.

체크 사항	설명
현재 주가가 내가 최종적으로 결정한 매수가보다 낮은가?	현재가가 매수가보다 낮다면 굳이 계산해서 결정한 매수가로 주문할 필요가 없다.
최근 관련 뉴스에서 악재성 기사는 없는가?	자연스러운 등락에 의한 저가 매수 기회와 펀더멘털 손상에 따른 주가 하락은 반드시 구분해야 한다.
최근 액면 분할이나 증자 등으로 발행 주식 수가 크게 늘어나지 않았는가?	간혹 발행 주식 수가 변하여 주가 계산에 심각한 오류가 발생할 수 있기 때문에 매수하기 전에 확인해야 한다.
현재 PER이 과도하게 높지는 않은가?	자신의 최대 허용 PER보다 높다면 매수하지 않는 편이 좋다. (예를 들어 PER 28)
현재 PBR이 과도하게 높지는 않은가?	PBR이 과도하게 높다면 재무 건전성에 문제가 없는지 다시 한번 확인해야 한다.
업종 평균 PER보다 과도하게 높지는 않은가?	업종에 따라 전반적으로 다른 업종에 비해 PER이 낮거나 높을 수 있기 때문에 해당 업종의 평균 PER과 비교해볼 필요가 있다.
업종 평균 PBR보다 과도하게 높지는 않은가?	업종에 따라 전반적으로 다른 업종에 비해 PBR이 낮거나 높을 수 있기 때문에 해당 업종의 평균 PBR과 비교해볼 필요가 있다.

Chapter 5

매매하기

매매 전략

씨앗 뿌리기

주식 투자를 할 때 매수보다 매도가 더 어렵다는 말을 종종 듣게 된다. 매수는 온전히 나의 의지로 이루어지며, 내가 원하지 않으면 하지 않을 수 있다. 매수한다는 것은 내가 주식을 소유한다는 의미이다. 혹시 소유 중인 주식의 주가가 내려가더라도 기다리면 된다는 생각으로 버티거나 소위 '물타기'라는 기법으로 평균 매수단가를 낮추는 식의 대응을 할 수도 있다. 즉, 주식을 매수한다는 것은 언제나 내가 선택할 수 있는 옵션이 있다는 뜻이다. 그러나 매도는 다르다. 주식을 한 번 팔고 나면 더 이상 나의 주식이 아니고 나와는 상관없는 남의 주식일 뿐이다. 그렇기 때문에 주가가 오른 상태에서는 더 오를지도 몰라서, 주가가 내린 상태에서는 조금만 더 기다리면 회복할지도 몰라서 쉽게 매도하지 못한다. 즉, '내가 팔고 나서 주가가 오르면 어떡하지'라는 심리 때문에 매도가 어려운 것이다. 그렇다고 무작정 주식을 보유하며 기다리기도 힘들다. 보유 중인 주식이 오르면 좋겠지만 내리면 마음이 불안해지고 혹시 내가 잘못 판단해서 매수한 건 아닌지 의심이 생긴다. 이때 느끼는 불안함은 바로 '원금 손실'에 대한 두려움이다.

여기서 모순이 생긴다. 내가 보유한 주식의 주가가 더 오를 것 같아서 매도가 망설여지지만, 계속 보유하고 있으면 원금손실이 생길지도 모른다는 불안감으로 인해 마냥 기다리기도 어렵다는 것이다. 이러한 모순을 극복하기 위해 우리가 취할 수 있는 방법은 두 가지가 있다. 첫 번째 방법은 지금까지 설명했던 '저가 매수'이다. 더 이상 떨어지지 않을 만큼 바닥에 가까운 금액에 매수할수록 원금을 손실할 가능성은 작아진다. 매수 금액이 낮을수록 나의 보유 주식은 항상 수익 상태일 가능성이 커지며 수익이 클수록 마음 편히 기다릴 수 있는 것이다. 그렇게 하기 위해서 앞서 설명한 적정 주가 계산을 통해 좋은 주식을 최대한 싸게 사야 한다. 이번에는 두 번째 방법인 '씨앗 전략'을 소개하고자 한다.

어떤 이벤트를 통해 공짜로 얻은 주식이 있다고 해보자. 그 주식에는 '내 돈'이 포함되어 있지 않고, 공짜로 얻은 주식인 만큼 절대적인 금액도 크지 않을 것이다. 따라서 그 주식은 오르면 좋고 떨어져도 크게 신경 쓰이지 않을 것이다. 따라서 오래 보유하며 기다리는 것이 전혀 힘들지 않다. 씨앗 전략은 바로 이러한 공짜 주식을 보유하는 방법으로 주식 투자를 하는 것이다. 예를 들어, 어떤 주식을 10,000원에 11주 매수하면 나의 투자 원금은 110,000원(10,000 × 11)이다. 그리고 이 주식이 10% 올라, 1주당 11,000원이 되었을 때 10주를 매도하면 나는 투자 원금 110,000원(11,000 × 10)을 완전히 회수한다. 결과적으로 나는 '내 돈'이 포함되지 않은 현재가 11,000원인 주식 1주를 가지게 되는 것이다. 나의 투자 원금을 회수하는 순간, 이 주식은 공짜 주식과 같으며, 주가가 오르든 떨어지든 느긋하게 기다릴 수 있게 된다. 이러한 공짜 주식은 마치 씨앗과 같으며, 이런 공짜 주식을 최대한 많이 보유하는 것을 나는 '씨앗 전략'이라고 부른다.

앞서 최종 매수가와 매도가를 결정한 예시를 다시 한번 활용해보자. 내가 책정한 '삼성전자' 주식의 매수가는 37,950원이고 매도가는 50,500원이다. 매수 후 2년을 기다렸을 때 최종적으로 약 33.1% 수익이 기대되는 것이다. 그런데 33.1% 상승을 위해서는 반드시 10% 상승 구간을 거쳐 가야 한다. 따라서 매도가인 50,500원이 아닌 매수가의 10% 상승액 41,700원(37,950 × 1.1)은 2년보다 반드시 더 짧은 기간 안에 달성된다. 여기서 만약 예상이 잘못되어 목표가 도달에 실패하는 상황을 가정해보면, 이때도 33.1% 상승에는 실패하더라도 그보다 훨씬 낮은 10% 상승에는 성공할 가능성이 더 높다. 따라서 나의 투자 원금이 묶이는 시간도 줄일 수 있고 성공 가능성도 높일 수 있는 것이다. 예를 들어 다음과 같은 방법으로 매매할 수 있다.

매수가	37,950	매도가	41,700
매수량	40	매도량	37
투자원금	1,518,000	회수금	1,542,900

결과적으로 현재가 41,700원인 공짜 주식 3주를 보유할 수 있게 된다. 이 주식이 최종 목표가인 50,500원에 도달할 때까지 기다리든 더 오랫동안 보유하든 아니면 그 전에 매도하든 어떤 선택을 하더라도 '원금 손실'의 가능성이 없기 때문에 전혀 불안하지 않다.

이런 방법을 쓰면 투자금 회전율을 높일 수 있다는 장점도 있다. 그리고 '씨앗'이 많아질수록 포트폴리오가 확장되며 선택할 수 있는 옵션은 점점 더 많아진다. 어떤 씨앗은 생각만큼 자라지 않아 빠른 처분으로 다른 주식으로 바꿀 수도 있고, 어떤 씨앗은 예상치 않게 너무 잘 자라서 큰 수익을 안겨줄 수도 있다. 무엇보다 주식 투자에 있어 가장 큰 장애물인 불안한 심리를 다스리기 좋은 전략이다.

덧붙여, 일반적으로 사람은 기다림을 힘들어하기 때문에 목표금액에 도달하기까지의 긴 시간을 기다리는 것이 어려울 수 있다. 하지만 지금까지 소개한 대로 좋은 주식을 찾아서 저가에 매수하고 여기에 씨앗 전략을 적용한다면 기다림의 시간을 줄일 수 있다. 씨앗 전략은 씨앗을 만드는 목표금액이 낮기 때문에 그만큼 빨리 씨앗을 뿌릴 수 있고, 원금을 회수해서 다른 곳에 투자를 계속 반복해서 이어 나갈 수 있다. 이러한 방법은 기다림의 시간을 줄여주는 동시에 계속 투자하고 싶은 욕구를 충족시킬 수 있으며,

투자 경험을 많이 하는 만큼 실력을 빠르게 상승시킬 수 있는 장점도 있다.

매도는 언제 할까?

보유 중인 주식을 매도할 때는 항상 수익을 실현하거나 손실을 확정 짓는 둘 중 하나의 상황이다. 급전이 필요해서 주식 투자금을 빼는 등의 특수한 상황을 제외하면 항상 수익 실현과 손실 확정에 대한 결정을 내리는 것으로 주식을 매도한다. 이번에는 매도 결정의 근거와 시점에 대해 생각해 보자.

먼저 수익을 실현하는 상황이다. 보유 중인 주식이 수익을 올리고 있는 상황에서는 다음과 같은 결정을 할 수 있다. 여기서 수익을 올리고 있는 주식이란 앞서 설명했던 저가 매수 후 '씨앗 전략'에 따라 투자 원금이 회수된 공짜 주식이라고 전제한다. (경험상 목표 시점이 될 때까지 원금이 회수되지 않은 경우는 거의 없었다.)

1) 목표 시점이 도래하기 전 목표가에 도달하면 매도

예를 들어 2024년 12월 예상 주가가 2만 원인 주식을 보유 중인데, 2022년 12월에 이미 2만 원에 도달해서 매도한다. 그러면 나의 목표보다 빠르게 수익을 올렸기 때문에 초과 수익률을 달성한 것이다. 이렇게 하면 매도 후 회수한 현금으로 새로운 주식에 재투자해서 빠른 속도로 수익금을 늘려갈 수 있다.

2) 목표 시점에 매도

목표 시점에 목표가 도달 여부와 상관없이 무조건 매도하는 것도 방법이 될 수 있다. 하지만 무조건 매도를 하기 위해서는 목표가 달성 확률을 최대한 높이는 것이 좋다. 이때 씨앗 주식이 많을수록 평균적으로 목표가 달성에 성공할 가능성은 커진다. 여기서 내가 추천하는 한 가지 방법이 있다. 나의 방법에 따르면 목표 시점은 항상 연말 기준이다. 따라서 매년 초에는 수익을 실현한 현금을 보유하게 된다. 그런데 우리는 매년 초 '다우의 개(Dogs of the Dow)' 종목을 확인할 수 있다. '다우의 개' 종목이란 미국 다우존스 지수에 편입된 30개 종목 중 전년도 배당수익률이 가장 높았던 10개 종목이다. 즉, 미국의 대표적인 대형 우량주 중에 지급하는 배당금에 비해 주가가 낮은 종목이다. 그만큼 저평가 종목으로 판단할 수 있다. 매년 초 보유하게 되는 현금을 이 저평가된 '다우의 개' 종목을 매수하면, 나의 공짜 주식을 전문 기관으로부터 검증된 저평가 대형 우량 배당주로 교환하는 것이다. 이런 식으로 매년 배당주를 쌓아가며 점진적으로 생활을 부유하게 만들 수 있는 방법이다.

3) 10년 이상 장기보유 후 매도

이 책에서 말하는 주식 투자의 원칙은 좋은 주식을 싸게 사고 충분히 기다리는 것이다. 그런데 많은 사람이 관심을 가지는 좋은 주식은 이미 비쌀 가능성이 높다. 따라서 내가 설명한 방법대로 주식 종목을 선정해서 저가에 매수하면 상대적으로 시장의 관심을 덜 받고 있으며 규모가 작은 주식을 편입하게 될 가능성이 커진다. 그리고 정말 좋은 기업이고 덩치가 작으면 그만큼 급성장할 가능성도 커진다. 따라서 다량의 씨앗 주식을 오랫동안 보유하면 그중에서 기대보다 훨씬 더 크게 성장하는 종목이 나타날 가능성이 있다. 어쩌면 어떤 종목은 10년에 100배 이상 성장할지도 모른다. 따라서 목표 시점이 도래하더라도 매도하지 않고 장기 보유하는 것도 좋은 방법이 될 수 있다.

손실 확정

다음으로 손실을 확정 짓는 상황이다. 수익을 실현하는 상황에서 하는 매도 결정은 즐거운 고민이다. 그러나 손실을 확정 짓는 상황에서의 매도 결정은 매우 괴로우며 신중해야 한다. 손실을 확정하는 상황이라는 것은 당연히 '씨앗 전략'에 따라 원금을 회수하기 전인 종목에 대한 매도를 뜻한다. 그리고 손실 확정을 고민한다는 것은 장기간 최소한 주가가 10% 이상 하락한 상황일 것이다.

1) 펀더멘털에 문제가 생긴 경우

주가가 크게 하락했을 때 가장 먼저 취할 행동은 그 이유를 파악하는 것이다. 관련 뉴스를 검색해서 주가가 하락할 만한 특이 사항이 있는지 확인하고 분기 재무제표를 확인해서 최근 실적을 조사해야 한다. 만약 실적이 예를 들어 3분기 이상 연속으로 컨센서스에 크게 하회하여 펀더멘털에 근본적 문제가 의심되거나 공장에 화재 발생, 경영진의 심각한 비리 연루, 분식 회계 사건 같이 기업의 생존을 위협할 만한 일로 펀더멘털이 크게 손상된 경우 손실 확정을 고려해야 한다. 장기적으로 주가가 회복될 만한 기대가 생기지 않는다면 손실을 확정하고 매도하는 편이 좋다.

2) 외부 요인으로 주가가 하락한 경우

주가가 하락할 만한 특별한 이유를 찾을 수 없을 때도 있다. 그럴 때는 대부분 단순한 조정이라고 볼 수 있다. 이런 경우라면 매도할 필요 없이 기다리면 된다. 만약 특별한 이유 없이 주가가 20% 이상 하락하면 오히려 추가 매수를 해서 평균 단가를 낮추는 것을 고려해볼 만하다. 그런데 경제 전반적인 위기 상황이나 무역 분쟁 등으로 시장 전체적으로 주가가 크게 하락하는 경우가 있다. 그런 상황에서 만약 주가가 40% 이상 하락한다면 한번 더 펀더멘털을 확인하고 문제가 없다면 오히려 추가 매수하는 것이 좋다. 아주 좋은 저가 매수 기회이며, 더 큰 수익률을 달성할 수 있는 절호의 기회이기 때문이다. 결론적으로 펀더멘털에 문제가 없고 외부 요인으로 주가가 하락한 상황에서는 매도하지 않고 추가 매수를 고려해야 한다.

기다림과 인내

폭락장의 공포

　좋은 기업을 발굴하고 적정 금액을 잘 계산해서 저가에 주식을 매수했다면 이제 남은 것은 기다림뿐이다. 그런데 이 기다림이 주식 투자에서 아마도 가장 어려운 부분이다. 투자 결과를 기다린다는 것은 나의 의지가 반영되지 않고 오로지 외부 요소에 의해 내가 원하는 결과가 만들어져야 한다는 의미이기 때문이다. 그래서 지겨움을 느낄 수밖에 없고 기다리는 과정에서 내가 원하는 대로 주가가 움직여주지 않으면 답답해진다. 그리고 만약 주가가 내가 원하는 방향과 크게 다르게 움직이면 불안함을 느끼게 된다.

　내가 보유 중인 주식이 소폭으로 등락하는 일반적인 상황이 아닌 주식시장 전체가 급락할 때가 있다. 그런 상황에서는 온갖 비관적인 뉴스 기사가 쏟아지고 투자자들은 공포를 느낀다. 시장에 공포 분위기가 조성되면 평정심을 유지하기 어렵다. 그래서 뭔가 대비책이 필요하다. 폭락장은 언제든지 예상치 못한 시점에 예상치 못한 형태로 다가올 수 있기 때문이다.

폭락장의 공포를 피할 수 있는 가장 완벽한 방법은 투자를 안 하는 것이다. 주식을 보유하고 있지 않다면 주식 시장이 폭락하든 망해서 없어지든 나와는 상관없는 일이다. 미래를 정확하게 예측하는 능력이 있어서 주식 투자를 잘하고 있다가 폭락장이 오기 전에 미리 모든 주식을 매도할 수 있다면 가장 좋겠지만 우리에게는 그런 능력이 없다. 그래서 차선책으로 나의 투자 여력보다 주식을 적게 가지고 있는 방법을 선택해야 한다. 예를 들어 나의 투자금으로 어떤 주식을 100주 살 수 있지만 50주만 산다는 뜻이다.

그렇다면 어떤 상황에서든지 주식을 적게 사야만 하는 것일까? 답은 "그렇다"이다. 특히 가치 투자를 하며 잃지 않는 투자를 추구할수록 항상 나의 한도보다 적게 투자해야 한다. 반드시 예비 투자금을 남겨둬야 한다는 뜻이다. 우리의 투자 인생 내내 폭락장은 끊임없이 만나게 되어 있다. 그리고 그 폭락장을 언제 만날지는 누구도 예측할 수 없다. 그래서 항상 투자금을 남겨둬야 한다. 투자금이 적게 들어가 있기 때문에, 폭락장에서 공포를 더 적게 느끼게 되고 남겨둔 투자금으로 좋은 주식을 아주 싸게 살 기회를 잡을 수도 있다.

많은 전문가는 전체 투자금의 40% 정도를 예비자금으로 남겨두라고 추천한다. 그런데 투자를 적게 하면 그만큼 수익도 줄어든다. 그래서 많은 사람이 투자를 적게 하는 것을 힘들어한다. 그 어려움을 극복하기 위해서 나는 '금'을 활용한다. 자세한 방법은 뒤에 다시 설명하겠다. 어쨌든 결론적으로 항상 나의 한도보다 적게 투자해야 주식 투자를 하면서 반드시 만나게 되는 폭락장의 공포를 이겨내고 기다릴 수 있다.

상승장의 초조함

어떻게 보면 폭락장에서의 기다림보다 상승장에서의 기다림이 훨씬 더 어렵다. 폭락장에서는 공포심을 이겨내야 하지만 상승장에서는 초조함을 극복해야 한다. 상승장에서는 평균적으로 대부분의 주식이 고평가되어 주가가 올라간다. 특히 좋은 주식의 경우 주가가 더 오른다. 그래서 싸게 살 수 있는 좋은 주식을 찾기 힘들다. 가치 투자자는 좋은 주식을 싸게 사야 하는데 상승장에서는 싸게 살 수 있는 주식이 없어서 투자를 하고 싶어도 못하는 상황이 생긴다. 결과적으로 남들은 다 수익을 내고 있는데 나 혼자 제자리에 있다는 생각에 점점 초조해진다. 이때 생기는 초조함을 극복하는 것이 매우 어렵다.

상승장에서 초조함을 극복하지 못하면 원칙을 어기고 주식을 비싼 가격에 매수하는 실수를 저지르게 된다. 운 좋게 주가가 계속해서 잘 올라주면 다행인데, 그렇지 못할 경우 돈을 잃게 되거나 계획보다 훨씬 더 오랜 시간 투자금이 묶이게 되는 상황이 발생한다. 그래서 결과적으로 그냥 참고 기다린 것 보다 최종적인 수익률은 더 낮아질 수도 있다. 그렇기 때문에 상승장의 유혹과 초조함을 극복하고 인내하는 것이 중요하다.

폭락장의 공포를 이겨내는 것은 투자금을 적게 쓰는 방법으로 어느 정도

준비하고 대처할 수 있다. 그러나 상승장의 초조함을 극복하는 것은 특별한 방법이 없다. 오로지 자신의 마음을 다스리는 수밖에 없다. 상승장에서 초조함을 느낄 때마다 '싸게' 산다는 원칙을 다시 한번 생각하고 돈을 벌지는 못하더라도 절대로 잃지는 않겠다는 다짐을 해야 한다. 인내를 잘할수록 최종적인 투자 수익률은 높아지고 성공적인 투자를 할 수 있다. 참고 또 참아라.

마지막으로 한 가지 상승장에서의 초조함을 다스리는 데 도움이 될 만한 생각이 있다. 일반적으로 주식투자를 하면 투자금이 놀고 있는 것을 불안해하는 심리가 생긴다. 주식에 돈이 들어가 있지 않고 현금으로 보유하는 것을 뒤쳐지거나 손해 보고 있다고 생각하는 것이다. 그런데 우리 자신은 어떨까? 직장을 다니거나 어떤 일을 할 때 업무시간 중 단 한 순간도 쉬지 않고 100% 집중해서 일하는가? 절대로 그렇지 않을 것이다. 아마 8시간 업무 중 4~5시간 이상 집중해서 일한다면 스스로 열심히 일했다고 평가할 것이다. 그런데 돈에 대해서는 너무 엄격하게 일을 시키려고 한다. 1년에 15km 전진하는 것을 목표로 하는 버스가 있다고 생각해보자. 1년에 단 15km만 전진하면 된다. 그렇다면 느긋하게 거북이걸음으로 조금씩만 움직이면 된다. 그리고 한 번씩 움직이지 않고 조금 쉬어도 된다. 절대로 서두를 필요가 없는 것이다. 그리고 만약에 여유가 좀 있다면 조금 더 전진하면 더 좋다. 돈도 마찬가지다. 하루에 24시간 1년 365일 일을 시킬 필요는 없다. 1년에 10~15% 정도만 수익을 올리면 되고, 상황이 좋으면 조금 더 추가적인 수익을 올리면 충분하다. 시간을 길게 보고 투자금이 조금 놀고 있더라도 여유 있게 기다려주는 마음을 가져라.

나의 미래에 대한 시나리오를 그리며 분명한 목표를 가지고 투자한다면 15년간의 투자가 그렇게 지겹거나 어려운 시간만은 아닐 것이다. 또 한편으로, 만약 자녀가 있고 여유가 있다면 대략 15세 정도에 투자를 적극적으로 지원해서 자녀가 30세쯤에는 경제적 자유를 누릴 수 있도록 만들어줄 수도 있다. 경제적 관점에서 이보다 더 좋은 선물은 그리 많지 않을 것이다.

Chapter 6

시나리오

자금 운용

비중 설정

주식 투자에서 투자금의 비중을 잘 설정하는 것은 필수적이다. 비중을 설정하는 이유는 돈을 잃을 가능성, 즉 리스크를 줄이고 언젠가 만나게 될 폭락장에서 공포심을 이겨내고 저가 매수의 기회를 최대한 활용하기 위해서이다.

만약 내가 투자하는 주식의 주가가 한 번도 떨어지지 않고 계속 상승만 한다면 비중을 설정할 필요가 없다. 무조건 그 종목에 100% 투자금을 쓰면 된다. 그러나 그렇게 하는 것은 불가능하기 때문에 비중 설정을 해야 한다. 결론적으로 주가가 내려가는 상황을 대비하기 위해서 비중 설정을 하는 것이다.

그렇다면 비중 설정을 하기 위해서 먼저 주가 하락의 기준을 세워보자. 다음은 절대적인 기준이 아닌 내가 생각하는 기준이다. 일반적으로 주식 투자를 하면서 주가가 매수가의 10% 내외로 하락하는 것은 흔한 경우다. 만약 주가가 20% 수준으로 하락하면 충분히 심리적 타격을 받을 만하다. 그런데 좋은 주식을 싸게 샀다면 그 수준까지 주가가 내려가는 상황은 별로 없을 것이다. 만약 주가가 40% 이상 하락한다면 일반적인 상황이 아니다. 기업의 펀더멘털이 심각하게 손상되었거나 큰 규모의 경제 위기 등으로 시장 자체가 무너진 상황일 것이다. 우리는 좋은 주식을 매수하기 때문에 기업의 펀더멘털이 심각하게 손상된 상황은 배제하고 시장 자체가 무너진 상황만 고려해보자. 그런 상황에서는 40%보다 훨씬 더 크게 하락할 가능성도 충분히 있다. 따라서 주가가 40% 하락한 상태에서 추가로 40% 더 하락하는 상황을 최악의 경우로 설정하자. 최종적으로 주가가 64% 하락한 상태가 최악의 상황이다. 정리하면 다음과 같다.

하락 폭	주가 예시	설명
0%	100	매수가
10%	90	흔한 경우
20%	80	흔치 않은 경우
40%	60	시장 자체가 무너진 경우
64%	36	최악의 경우

여기서 우리가 대비해야 하는 상황은 주가가 20%, 40%, 64% 하락한 세 가지 경우다. 그중에서 20% 하락은 흔치 않은 경우로 보유 중인 주식 중 소수의 종목만 하락하고, 20%를 넘어 40%와 64%까지 하락할 때는 거의 모든 종목이 동시에 하락할 가능성이 클 것이다.

비중을 설정하기 위해서는 한 가지 기준이 더 필요한데, 투자하는 주식 종목의 개수다. 우리는 앞서 좋은 종목을 선정하고 기준가보다 싸게 사는 방법을 선택했다. 하지만 좋은 종목이면서 동시에 저가인 주식은 많지 않다. 따라서 동시에 투자할 수 있는 종목이 많지 않다. 그래서 나는 동시에 투자하는 종목을 최대 5개 종목으로 제한한다.

이제 위의 두 가지 기준에 따라 비중을 설정해보자. 기본 전략은 주가가 하락하면 보유 중인 주식 수만큼 추가 매수하는 것이다. 이때 기준은 구매 금액이 아닌, 주식 수임을 유의해야 한다. 이해를 돕기 위해 예를 들어 설명하겠다. 계산의 편의를 위해 한 종목당 100만 원씩 총 500만 원을 투자했고 종목의 매수가는 1만 원으로 총 100주를 매수하는 것으로 가정한다. 여기서 한 종목이 흔치 않은 경우로, 주가가 20% 하락하여 8,000원이 되면 100주 추가 매수한다. 따라서 80만 원의 예비자금이 필요하다. (만약 한 종목이 아닌 모든 종목이 20% 하락하면 일반적인 경우가 아닌 것으로 보고 추가 매수하지 않는다.) 시장이 무너져서 모든 종목이 40% 하락한다면 주가가 6,000원이 되며, 한 종목당 60만 원씩 총 300만 원의 예비자금이 필요하다. 그러면 한 종목당 200주씩 보유하게 된다. 여기서 최악의 경우로 주가가 40% 추가 하락하면 주가가 3,600원으로 한 종목당 200주씩 추가로 매수하면 예비자금은 한 종목당 72만 원씩 총 360만 원이 필요하다. 표로 정리하면 다음과 같다.

운용자금		
최대 동시 투자 종목 수	5	
종목당 투자금	1,000,000	
소계	5,000,000	40.3%
일반 상황 예비자금		
1종목 추가 매수	800,000	
소계	800,000	6.5%
최악의 상황 대비 예비자금		
1차(40% 하락) 추가 매수	3,000,000	
2차(64% 하락) 추가 매수	3,600,000	
소계	6,600,000	53.2%
총 투자금 합계	12,400,000	100.0%

그런데 언제 올지 모르는 폭락장에 대비하기 위해 전체 투자금의 절반이 넘는 돈을 쓰지 않고 남겨두는 것은 너무나도 아쉽고 힘든 일이다. 그래서 나는 폭락장을 대비한 예비자금은 금으로 보유한다. 그 이유는 두 가지다. 첫째, 금은 인플레이션을 방어할 수 있다. 만약 10년 후 폭락장이 온다고 가정하고 현금으로 예비자금을 보유한다면, 10년간 인플레이션으로 현금 가치가 크게 하락한 상태일 것이다. 그러나 금은 인플레이션에 따라 가

격이 오를 것이므로 손실을 방지할 수 있다. 둘째, 금은 질료 가치를 담고 주식은 상상력 가치를 담는다. 주식 시장이 폭락하면 사람들은 눈에 보이는 질료 가치에 의존하려고 하므로 금 시장으로 몰려간다. 따라서 금의 가격은 폭등한다. 그렇기 때문에 금으로 예비자금을 보유한다면 현금보다 적게 가지고 있어도 된다. 약 10년간 예비자금을 보유한다고 가정했을 때, 인플레이션과 주식 시장 폭락에 따른 금 가격 상승을 고려하면 현금 대비 절반 정도만 가지고 있어도 될 것으로 본다. (이때 금은 KRX 현물로 보유한다. KRX 현물 금은 수수료가 적게 발생하고 쉽고 빠르게 현금화할 수 있기 때문이다.) 다시 한번 표로 정리하면 다음과 같다.

운용자금		
최대 동시 투자 종목 수	5	
종목당 투자금	1,000,000	
소계	5,000,000	54.9%
일반 상황 예비자금		
1종목 추가 매수	800,000	
소계	800,000	8.8%
최악의 상황 대비 예비자금(KRX 금)		
1차(40% 하락) 추가 매수	1,500,000	
2차(64% 하락) 추가 매수	1,800,000	
소계	3,300,000	36.3%
총 투자금 합계	9,100,000	100.0%

두통약

나는 앞서 주식 투자를 하면서 흔치 않은 경우로 주가가 매수가의 20% 수준까지 떨어질 수 있을 것으로 판단했다. 그리고 10% 수준의 주가 하락은 흔히 겪을 수 있다고 했다. 그런데 주가가 20% 하락했을 때 '물타기' 기법을 쓸 계획이기 때문에, 주가가 10% 이상 20% 이하로 하락했을 때 마음이 심란할 수 있다. 다시 말해 10~20% 하락 구간에서 매우 불편한 마음을 갖게 된다. 따라서 이 구간에 대한 대비책도 필요하다.

우리는 머리가 아플 때 두통약을 먹는다. 두통약은 머리가 아픈 근본 원인을 제거하기보다는 진통 효과로 두통이 자연 치유될 때까지 통증을 느끼지 않도록 도움을 준다. 언제 겪을지 모르는 두통에 대비해서 두통약을 상비하듯이 주식 투자 시에도 10~20% 주가 하락 구간에 대비해서 두통약 같은 역할을 해줄 자금이 필요하다.

앞서 주식 투자금 비중을 설정할 때 한 종목당 투자금을 100만 원으로 가정했다. 여기서 초기 매수금을 조금 줄여서 80만 원만 투자하고 20만 원을 두통약으로 쓰면 적당하다. 이 두통약 같은 예비자금을 주가가 10% 하락했을 때와 15% 하락했을 때 각각 조금씩 추가 매수할 수 있다. 1주에 1만 원인 주식을 매수한다고 했을 때, 80만 원만 투자해서 80주를 매수한 상황으로 가정해보자. 한 종목에 투자할 100만 원 중 20만 원이 남아있는 상태다. 주가가 10% 하락해서 9,000원이 되었을 때 9주를 추가 매수하면 보유 수량은 89주, 투자금은 881,000원, 평균 단가는 약 9,899원으로 조금 내려간다. 여기서 주가가 최초 가격 대비 15% 하락해서 8,500원이 되면 남은 자금으로 14주를 추가로 매수할 수 있다. 그러면 보유 수량은 103주, 투자금은 100만 원, 평균 단가는 약 9,709원 정도로 내려간다. 이렇게 했을 때 (개인차가 있을 수 있지만) 사실상 평균단가를 낮추는 효과가 그렇게 크지는 않다. 그러나 10~20% 하락 구간에서 불편한 마음을 진정시켜주는 효과는 있다. 반대로 주가가 하락하지 않고 오른 상황을 가정해보면, 예를 들어 10% 올랐다면 100만 원을 투자했을 때는 수익금이 10만 원이고, 80만 원만 투자했을 때는 수익금이 8만 원으로 (이 또한 개인차가 있을 수 있지만) 수익금에서 그렇게 큰 차이가 생기지도 않는다. 따라서 투자금의 20% 정도를 남겨두면 투자 결과에 큰 차이가 생기지는 않지만, 마음을 다스릴 수 있는 좋은 방법이 될 수 있다. 이 방법을 비중 설정에 반영하면 다음과 같이 정리된다.

운용자금		
최대 동시 투자 종목 수	5	
종목당 투자금	800,000	
소계	4,000,000	44.0%
일반 상황 예비자금		
1종목 추가 매수	800,000	
두통약(5 종목)	1,000,000	
소계	1,800,000	19.8%
폭락장 대비 예비자금(KRX 금)		
1차(40% 하락) 추가 매수	1,500,000	
2차(64% 하락) 추가 매수	1,800,000	
소계	3,300,000	36.3%
총 투자금 합계	9,100,000	100.0%

금 투자는 안 좋다던데요?

많은 전문가가 금 투자는 안 좋다고 한다. 그 이유는 금은 산출물이 없기 때문이라고 한다. 금을 보유한다고 해서 금으로부터 이자 또는 기타 수익이 발생하지 않는다는 의미다. 그 논리에는 나도 일부 동의한다. 그러나 나는 어떤 투자를 하더라도 기본적으로 금을 반드시 보유해야 한다고 생각한다.

투자는 크게 공격적 투자와 방어적 투자로 구분할 수 있다. 공격적 투자는 가치의 변동과 가격의 변동을 이용해서 내가 보유한 자산으로 담는 가치를 점점 크게 만드는 투자다. 방어적 투자는 내가 축적한 가치를 손실 없이 온전히 보존하는 투자다. 따라서 공격적 투자를 하기 위해서는 반드시 상상력 가치가 포함된 자산에 투자해야 하고, 방어적 투자를 하기 위해서는 질료 가치만 담는 자산에 투자하는 것이 좋다. 그래서 공격적 투자의 대상은 주식 같은 자산이 되고 방어적 투자의 대상은 금과 은 같은 자산이 되는 것이다. 결론적으로 금은 공격적 투자의 대상으로는 적당하지 않지만, 방어적 투자의 대상으로는 매우 좋다.

내가 금을 반드시 보유해야 한다고 생각하는 이유는 극단적인 리스크를 줄이기 위해서다. 전쟁이나 국가 부도 같은 대위기가 발생하면 금융 경제 시스템 자체가 사라지게 될 수 있다. 금융 경제 시스템이 사라진다는 것은 그 시스템 안에서 만들어진 모든 상상력 가치가 소멸한다는 뜻이다. 따라서 내가 보유한 모든 자산 중에서 상상력 가치는 없어지는 것이며, 주식과 같이 상상력의 비중이 큰 자산은 가치 소멸의 위험이 크다. 이때 나를 지켜줄 수 있는 것은 금과 은 같은 질료 가치를 크게 담고 있는 자산이다. 물론 그런 일이 발생할 가능성은 극히 낮지만 올바른 투자자는 조금의 가능성이라도 있다면 그 리스크에 대비하는 자세를 가져야 한다. 그래서 투자 활동에서 일정량의 금은 반드시 보유해야 한다. 이는 방어적 투자 개념의 금 보유이다.

그런데 금을 주식 투자와 결합하면 공격적 투자에서도 활용할 수 있다. 앞서 설명했듯이 금을 인플레이션 방어와 폭락장에 대비한 예비자금으로도 보유하는 것이다. 공격적 투자는 가치의 변동과 가격의 변동을 최대한 활용하는 것이 가장 효율적이다. 그런데 금은 가치의 변동은 없고 가격의 변동만 있기 때문에 효율이 높지 않다. 그러나 주식과 금이 조합되면 아주 강력한 힘을 발휘한다. 그 이유는 주식과 금이 심리의 양극단에 위치하기 때문이다. 미래가 낙관적일 때 사람들은 희망을 품고 상상력을 발휘하려고 한다. 반대로 미래가 불안하고 어두워 보일 때 사람들은 공포를 느끼며 눈에 보이는 것에 의지하려고 한다. 그래서 낙관적일 때 주식에 심리가 몰리고 부정적일 때 금에 심리가 몰린다. 즉, 주식 상승장에 금 가격은 내려가고 하락장에 금 가격은 올라간다. 그래서 주식과 금을 동시에 투자하면 마치 파도타기를 하듯이 가격변동 활용의 효율을 극대화할 수 있다.

금은비

주식 폭락장에 대비해서 금을 보유하는 전략을 쓰기 위해서는 신중한 접근이 필요하다. 금이 너무 비쌀 때 매수하면 전략 자체가 무의미해지기 때문이다. 하지만 우리는 금 1g의 적정 가격이 얼마인지 알 수 없다. 절대적인 가격의 기준이 없기 때문이다. 그래서 금은 상대적으로 가격이 낮은 편일 때 매수할 수밖에 없는데 이번에는 금의 상대적 가격이 낮은 타이밍을 가늠하는 방법에 대해서 알아보자.

먼저 사람들이 미래에 대한 공포심을 느껴 금과 은으로 심리가 몰리는 상황을 가정해보자. 일단 사람들은 금을 매수하기 시작한다. 그래서 금값이 크게 오른다. 그런데 금값이 어느 수준으로 오르고 나면 금이 너무 비싸다는 생각이 들고 비교적 가격이 덜 오른 은으로 눈이 간다. 그 결과 은의 가격이 크게 오르기 시작한다. 이렇게 금과 은의 가격은 서로 다른 주기로 움직이기 때문에 가격 차이 또한 항상 등락한다. 여기서 금과 은의 가격 차이를 비율로 나타내는 지표를 '금은비(Gold to Silver Ratio)'라고 하는데, 이 금은비의 변화를 생각해보면 상대적으로 금이 싼 가격인 시점을 가늠할 수 있다. 금은비는 금 가격을 은 가격으로 나누는 방법으로 계산한다. 앞서 예시로 든 주기에서는, 먼저 금 가격이 크게 올랐기 때문에 금은비는 커진다. 이후 은 가격이 금보다 더 크게 오르기 시작하면 금은비는 점점 작아진다. 그리고 공포심이 잦아들어 금과 은에서 심리가 빠져나갈 때 은 가격이 먼저 내려가고 나서 금 가격이 내려간다. 따라서 금은비는 다시 커지다가 점점 줄어든다.

사람들의 심리가 희망에서 공포로 변했다가 다시 희망으로 바뀌는 주기에서 돈의 흐름을 생각해보자. 희망에서 공포로, 다시 공포에서 희망으로 변하는 순서이다. 심리가 희망에서 공포로 변할 때 돈은 주식 시장에서 금과 은 시장으로 이동한다. 그리고 공포에서 희망으로 변할 때 돈은 금과 은 시장에서 다시 주식 시장으로 옮겨간다. 이 흐름에서 금은비의 변화는 어떻게 될까? 돈이 금과 은 시장으로 유입되기 시작할 때 금은비는 커지다가 가장 많은 돈이 들어왔을 때 금은비는 다시 급격히 낮아진다. 그리고 돈이 다시 금과 은 시장에서 빠져나가기 시작할 때 금은비는 커지다가 가장 많이 빠져나갔을 때 금은비는 다시 낮아진다. 결론적으로 주식 시장이 폭락장일 때, 금은비가 급격히 커지다가 다시 낮아질 때가 금이 상대적으로 비싼 시점이다. 반대로 주식 시장이 상승장일 때, 금은비가 서서히 커지다가 다시 서서히 낮아질 때가 금이 상대적으로 싼 시점이다.

결론을 말하자면, 금은비를 다음과 같이 활용할 수 있다.

1) 주식 폭락장에서 금은비가 급격히 커진 후 상승세가 꺾이면 금 가격은 상대적 고점이다.

   (1) 주식 투자에 유리한 시점이다.

   (2) 예비자금으로 보유 중인 금을 매도할 시점이다.

2) 주식 상승장에서 금은비가 서서히 커진 후 다시 낮아지다가 하락세가 진정되면 금 가격은 상대적 저점이다.

   (1) 주식 시장이 과열된 시점으로 주의가 필요하다.

   (2) 예비자금으로 사용할 금을 매수할 시점이다.

미래 설계

15년 후

희망찬 미래를 상상하는 일은 항상 즐겁다. 지금까지 설명했던 마음가짐, 원칙과 방법으로 주식 투자를 하면 앞으로 우리가 기대할 만한 미래는 어떠할까? 먼저 다음과 같이 상황을 가정해 보자.

(1) 종목당 투자금은 100만 원으로, 최대 동시 투자는 5종목으로 한다.

(2) 투자금 비중 설정에 따라 총 투자금은 910만 원이다.

(3) 매매는 '씨앗 전략'에 따라 매년 5개의 씨앗 주식을 만든다.

(4) 씨앗 주식은 장기 투자로 15년 후 일괄적으로 매도한다.

(5) 처음에는 연간 10% 수준의 수익률을 달성한다.

(6) 매년 투자 실력이 향상되어 연간 수익률이 1%씩 증가한다.

투자 원년 한 종목에 투자하는 투자금은 100만 원이다(두통약 값은 고려하지 않았다). 씨앗 전략에 따라 주가가 10% 상승했을 때 원금을 회수하면 10만 원인 씨앗 주식이 남는다. 매년 이렇게 씨앗 주식 한 개씩 확보한다. 15년간 투자했을 때 이 씨앗 주식들이 어떻게 되어 있을지 계산해보자. 1년 차에 확보한 씨앗은 최종 투자 기간이 15년이고, 마지막 15년 차에 확보한 씨앗은 최종 투자 기간을 1년으로 두고 계산했다.

	투자금	수익률	씨앗 주식 금액	투자 기간	최종 실현수익
1년 차	1,000,000	10.0%	100,000	15	417,725
2년 차	1,000,000	11.0%	110,000	14	474,149
3년 차	1,000,000	12.0%	120,000	13	523,619
4년 차	1,000,000	13.0%	130,000	12	563,488
5년 차	1,000,000	14.0%	140,000	11	591,673
6년 차	1,000,000	15.0%	150,000	10	606,834
7년 차	1,000,000	16.0%	160,000	9	608,474
8년 차	1,000,000	17.0%	170,000	8	596,947
9년 차	1,000,000	18.0%	180,000	7	573,385
10년 차	1,000,000	19.0%	190,000	6	539,555
11년 차	1,000,000	20.0%	200,000	5	497,664
12년 차	1,000,000	21.0%	210,000	4	450,154
13년 차	1,000,000	22.0%	220,000	3	399,487
14년 차	1,000,000	23.0%	230,000	2	347,967
15년 차	1,000,000	24.0%	240,000	1	297,600
					7,488,719

그런데 15년간 투자한다면 그 기간 중 한 번 정도는 폭락장을 만날 만하다. 폭락장에서 주가가 40% 하락하면 보유 수량만큼 추가 매수하고, 40% 추가 하락하면 한 번 더 추가 매수한다. 주가가 1만 원인 주식 100주를 보유하고 있었다면, 6,000원으로 하락 시 100주 추가 매수, 3,600원으로 하락 시 200주 추가 매수하는 것이다. 그러면 나의 총 보유 수량은 400주(100+100+200)이고 투자금은 232만 원(100만 + 60만 + 72만)이다. 이때 평균 단가는 5,800원(232만 ÷ 400)이다. 폭락장을 만나지 않았다면 10,000원에 매수 후 최소 10% 수익 수준인 11,000원에 매도해서 주당 수익금은 1,000원이고 총 수익금은 10만 원(1,000원 × 100주)일 것이다. 그런데 폭락장 기회로 인해 보유 평균 단가가 5,800원이 되었고 주식 수량이 늘어났기 때문에 시장이 회복되면 큰 수익을 올리게 된다. 원래 계획대로 11,000원에 매도하더라도 주당 수익금은 5,200원이고 수량이 4배로 늘어났기 때문에 총 수익금은 208만 원(5,200원 × 400주)이 된다. 15년간의 투자 기간 중 2/3 지점인 10년 후 이런 폭락장을 만났다고 가정하고 10년 차의 씨앗 주식 금액을 208만 원으로 수정해보자.

	투자금	수익률	씨앗 주식 금액	투자 기간	최종 실현수익
1년 차	1,000,000	10.0%	100,000	15	417,725
2년 차	1,000,000	11.0%	110,000	14	474,149
3년 차	1,000,000	12.0%	120,000	13	523,619
4년 차	1,000,000	13.0%	130,000	12	563,488
5년 차	1,000,000	14.0%	140,000	11	591,673
6년 차	1,000,000	15.0%	150,000	10	606,834
7년 차	1,000,000	16.0%	160,000	9	608,474
8년 차	1,000,000	17.0%	170,000	8	596,947
9년 차	1,000,000	18.0%	180,000	7	573,385
10년 차	1,000,000	19.0%	2,080,000	6	5,906,703
11년 차	1,000,000	20.0%	200,000	5	497,664
12년 차	1,000,000	21.0%	210,000	4	450,154
13년 차	1,000,000	22.0%	220,000	3	399,487
14년 차	1,000,000	23.0%	230,000	2	347,967
15년 차	1,000,000	24.0%	240,000	1	297,600
					12,855,867

이렇게 투자하면 총 수익금은 12,855,867원으로 결과적으로 투자금 100만 원의 12.8배 정도를 수익으로 올렸다. 최대 동시 투자는 5종목으로 1년에 5개 씨앗 주식을 만드는 조건이므로 500만 원의 12.8배인 6400만 원의 수익을 기대할 수 있다. 만약 이 계산법이 너무 낙관적이라고 생

각된다면 다음과 같이 계산해보자. 총 투자금은 910만 원이고 수익금은 6400만 원이다. 따라서 910만 원을 15년간 투자해서 총 7310만 원(9,100,000+64,000,000)으로 만든 것과 같다. 따라서 연평균 수익률은 약 14~15% 수준이다. 해볼 만하다고 느껴지지 않는가? 다시 본론으로 돌아와서 수익금 6400만 원을 어떻게 사용할지는 각자의 판단이겠지만, 나는 모두 배당금이 많이 나오는 주식으로 전환하는 방법으로 하겠다. 실제로 배당주 중에서 배당수익률 6% 정도 되는 좋은 주식을 찾는 것은 그렇게 어렵지 않다. 따라서 6400만 원으로 만드는 연간 배당금은 384만 원이고 세금을 제하면 약 325만 원, 매월 약 27만 원 정도로 기대할 수 있다. 결과적으로 총투자금 910만 원으로 15년간 주식 투자를 했을 때 월 배당금 27만 원 정도를 만들 수 있는 것이다. 동일한 방법으로 계산해보면 9100만 원으로 투자하면 월 배당금 270만 원, 1억 8200만 원으로 투자하면 월 배당금 540만 원을 만들 수 있다. 많은 사람이 직업 군인의 생활은 부러워하지 않지만, 연금은 부러워한다. 장교로 임관해 20년간 일하고 전역하면 연금으로 한 달에 약 180만 원 정도 받는다. 매월 배당금으로 180만 원을 받기 위해서는 약 6000만 원으로 15년간 투자하면 된다. 6000만 원이 적지는 않지만, 누구나 모을 수 있는 금액이다. 그리고 20년보다 짧은 15년 만에 군인 연금 수준의 월 배당금을 기대할 수 있다. 연금 수령자를 부러워할 것 없이 지금 바로 배당금 만들기를 시도하는 편이 좋다.

간단하게 정리하면 다음과 같다.

(1) 총투자금 = 한 종목 투자금 × 9.1

(예를 들어, 한 종목 투자금이 100만 원일 때 총 910만 원)

(2) 15년 후에 매월 기대 배당금 = 한 종목 투자금 × 0.27

(예를 들어, 한 종목 투자금이 100만 원일 때 월 27만 원)

이 목표를 달성하기 위해 우리가 해야 하는 일은 다음과 같다.

1) 매년 동시에 최대 5종목에 투자하고 최소 5개의 씨앗 주식을 만든다.

2) 매년 쌓이는 투자 경험을 바탕으로 실력을 키워 수익률을 1%씩 높인다.

3) 폭락장의 기회를 놓치지 말고 투자 수익률을 극대화한다.

15년이라는 시간은 매우 길게 느껴지고 투자금을 모아야 한다는 것도 어려운 일이지만 우리의 부유한 미래를 상상한다면 충분히 해볼 만한 시도일 것이다. 그리고 이런 식으로 나의 미래에 대한 시나리오를 그리며 분명한 목표를 가지고 투자한다면 15년간의 투자가 그렇게 지겹거나 어려운 시간만은 아닐 것이다. 또 한편으로, 만약 자녀가 있고 여유가 있다면 대략 15세 정도에 투자를 적극적으로 지원해서 자녀가 30세쯤에는 경제적 자유를 누릴 수 있도록 만들어줄 수도 있다. 경제적 관점에서 이보다 더 좋은 선물은 그리 많지 않을 것이다.

초보에서 고수로

다시 한번 말하자면 이 책의 목적은 일반 투자자들이 그대로 따라하기만 하면 누구나 수익을 낼 수 있는 기적 같은 주식 투자 방법을 알려주는 것이 아니다. 이 책을 읽는 독자에게 내가 사용하는 공식과 매매 전략, 그렇게 하는 이유와 근간에 깔린 철학을 설명하고 이를 통해 독자 스스로의 주식 투자 철학을 정립하여 앞으로 꾸준히 활용할 수 있도록 돕는 것이 이 책의 목적이다.

당연한 말이지만 앞서 내가 다루었던 모든 주제는 주식 투자 과정의 극히 일부분에 불과하며, 비전문가 투자자인 나의 독자적인 철학을 기반으로 하였다. 따라서 여러분만의 방식과 철학으로 변환하여 더 발전시키고 채워나갈 부분이 무궁무진할 것이다. 그런 과정을 통해 여러분은 주식 초보 투자자에서 고수 투자자로 거듭날 수 있을 것이라 확신한다.

마지막으로 몇 가지 방법과 방향을 추천하며 이 책을 마무리하려고 한다.

재무제표에 익숙해져라

회사에서 일하든 직접 사업을 하든 주식 투자를 하든, 기업과 관련한 어떤 활동도 재무제표에 대한 이해 없이는 잘 해낼 수 없다.

재무제표에는 기업의 경영 방침, 직원들의 노력과 능력 등 기업에서 일어나는 모든 일의 결과가 녹아 있다. 예를 들어 혁신을 통해 큰 성장을 도모하는 경영자가 이끄는 기업이라면 부채를 늘리면서 시설 확장이나 연구 개발에 많은 투자를 할 것이고, 성장보다는 재무 건전성을 중요시하는 경영진이 있는 기업이라면 해마다 부채가 점점 줄어드는 모습을 재무제표에서 볼 수 있을 것이다. 그리고 매출액이나 영업 이익 등 수익성 지표들을 살펴보면 기업 임직원들이 얼마나 열정적으로 기업을 위해 노력하고 있는지도 알 수 있다.

신체의 건강 상태를 체크하기 위해 인바디 측정 결과를 참고하는 것처럼, 재무제표를 읽는 것은 기업의 건강 상태를 체크하기 위한 인바디 측정 결과를 참고하는 것이다. 기업의 상태를 잘 알수록 당연히 더 좋은 투자를 할 수 있다. 좋은 주식 투자자가 되기 위해서 반드시 재무제표를 잘 읽는 능력을 길러야 한다.

경제 전반의 흐름을 이해하려고 노력해라

주식 투자를 위해 주식 자체만, 특히 매매에만 노력을 기울이는 것은 어리석은 행동이다. 주식은 수없이 많은 외부 요인으로부터 영향을 받기 때문에 금리, 환율, 무역수지, 선물지수, 실업률 등 모든 지표를 보고 활용해야 한다. 즉, 경제 전반의 흐름을 이해할 필요가 있다. 추가로 경제뿐만 아니라 정치, 문화, 예술이나 스포츠까지 다방면으로 영역을 넓혀가며 식견을 넓혀야 투자 실력을 키울 수 있다.

산업과 기술의 발전 방향에 관심을 가져라

단적으로 말해서 미래를 잘 예측할 수 있으면 주식 투자는 반드시 성공한다. 특히 부가 가치가 큰 산업과 기술의 방향을 잘 예측할 수 있다면 매우 큰 수익을 올릴 수 있다. 따라서 IT, 로봇, 환경, 에너지 등 미래지향적인 산업과 기술에 관심을 가지고 이해도를 높이면 점점 더 성공적인 투자를 할 수 있다.

기업 경영에 관한 전문가가 되라

기업의 성장은 결국 경영에 달려있다. 명확한 비전을 가지고 올바른 방향으로 경영하는 기업이 꾸준히 성장할 수 있다. 그렇기 때문에 우리는 스스로가 투자한 기업의 주인이라는 생각으로 내 기업의 경영진이 얼마나 일을 잘 수행하고 있는지 항상 예의주시해야 한다. 내가 직접 기업을 경영한다는 생각으로 기업 경영에 대해 전문가적 식견을 높일수록 좋은 기업을 잘 발굴할 수 있게 되고 이는 성공적인 투자를 할 수 있는 바탕 능력이 된다.

이 책을 읽는 독자들은 앞으로 평생 투자를 하며 안주하지 말고 점점 더 실력을 키워나가기 바란다. 반드시 원하는 삶을 사는 데 큰 도움이 될 것이다. 무한한 행운과 성공을 기원한다.

이제부터 실전 투자를 위한 시스템을 만들어보자. 시스템은 스프레드시트(엑셀)로 만든다. 기본 개념은 인터넷 사이트로부터 필요한 원자료(raw data)를 찾아서 나만의 시스템에 붙여넣으면 자동으로 계산되어 결과를 표시하도록 만드는 것이다.

나만의 시스템 만들기

시스템 만들기에 앞서

이제부터 실전 투자를 위한 시스템을 만들어보자. 시스템은 스프레드시트(엑셀)로 만든다. 기본 개념은 인터넷 사이트로부터 필요한 원자료(raw data)를 찾아서 나만의 시스템에 붙여넣으면 자동으로 계산되어 결과를 표시하도록 만드는 것이다.

우선 인터넷 사이트는 미국 주식을 기준으로, stockrow.com 정보를 사용하겠다. 반드시 이렇게 만들어야 한다는 의미가 아니다. 내가 시스템을 만드는 방법을 참조해서 자신만의 기준으로 신뢰할 수 있는 시스템을 만들어 활용하기 바란다. 그리고 소개하는 인터넷 사이트 외에도 훌륭한 사이트가 많이 있으니 각자 마음에 드는 곳의 정보를 사용하면 된다. 주의사항으로, 주식 정보를 제공하는 인터넷 사이트는 주기적으로 업데이트하기 때문에, 그에 따라 시스템도 지속적으로 업데이트할 필요가 있다.

가장 좋기로는 내가 필요로 하는 원자료를 내가 원하는 양식으로 다운로드하는 것이나, 그러한 서비스를 제공하는 사이트를 알지 못하여 나는 크롤링 프로그램을 제작해서 사용한다. 그러나 모든 사람이 프로그램 제작을 할 수 있다고 생각하지 않기 때문에 수작업을 하는 기준으로 설명할 것이며, 최대한 단순하게 만들었지만 그럼에도 불구하고 어느 정도의 시간과 에너지 소모는 피할 수 없을 것이다.

시스템은 엑셀 프로그램으로 만들기 때문에 가장 필수적인 사항은 알고 있어야 한다.

위의 그림을 보고 '열', '행', '워크시트'가 무엇을 의미하는지는 반드시 숙지해야 앞으로의 설명을 이해할 수 있다. 예를 들어, 워크시트 'Sheet3'

의 'A1'이라고 하면 위 그림에서 파란색으로 표시한 A열 1행이 위치한 '셀'임을 알 수 있어야 한다.

워크시트 옆의 '+'를 누르면 새로운 워크시트를 만들 수 있다. 그리고 한 셀에서 수식을 입력하고 나서, 그 셀을 복사하고 아래로 붙여넣으면 자동으로 해당 셀에 맞도록 수식을 변경해서 입력된다는 점도 알고 있어야 한다. 예를 들어, A2, B2, C2 셀에 각각 수식을 입력했으면, 2행 전체를 복사해서 아래로 붙여넣으면 A3, B3, C3 … A100, B100, C100 셀에 자동으로 그에 맞는 수식이 입력된다. (직접 따라 해보면 쉽게 이해할 것이다.)

마지막으로 stockrow.com의 레이아웃과 데이터의 필드 위치가 수시로 업데이트되기 때문에 시스템을 만들고나서 내가 원하는 정보를 정확하게 불러오는지 검증할 필요가 있다는 점을 반드시 명심하기 바란다.

개인의 취향과 능력에 따라 레이아웃이나 서식을 변형 또는 추가하고 추가 정보를 입력하여 자신만의 시스템으로 주식 투자에 적극적으로 활용하기 바란다.

투자 종목 리스트 만들기

먼저 투자 종목 리스트를 만들어보자. 투자 종목 리스트를 만들기 위해서는 상장 종목의 리스트가 필요하다. 내가 주로 사용하는 stockrow.com에서 유료 서비스 가입을 하면 스크리너 기능으로 다운로드할 수 있다. 그러나 단순히 상장 종목 리스트를 구하기 위해 유료 서비스를 이용할 필요는 없으니, 여기서는 무료로 다운로드하는 방법을 소개하겠다.

[1단계] 분석 대상 종목 리스트 구하기

(1.1)

아래의 주소로 들어가 보자.

https://www.nasdaq.com/market-activity/stocks/screener

다음은 위의 주소로 들어가면 보이는 화면이다.

아무런 필터를 적용하지 않았을 때 총 7,937개의 주식이 있다. 그런데 수
작업으로 전체 주식에 대한 데이터를 수집하기는 너무 어렵기 때문에 여기
서 최대한 종목 수를 줄여보자.

(1.2)

Large ($10B-$200B)	GOOG	Alphabet Inc. Class C Capital Stock	$2852.66	16.13	0.569%	1,902,025,044,4
Medium ($2B-$10B)					
Small ($300M-$2B)	GOOGL	Alphabet Inc. Class A Common Stock	$2844.30	19.98	0.707%	1,896,450,973,4
Micro ($50M-$300M)					
Nano (<$50M)					
ANALYST RATING	AMZN	Amazon.com, Inc. Common Stock	$3425.52	9.52	0.279%	1,734,822,130,0
☑ Strong Buy					
☐ Hold	FB	Facebook, Inc. Class A Common Stock	$352.96	7.00	2.023%	995,151,131,0
☐ Buy					
☐ Sell					
☐ Strong Sell	TSLA	Tesla, Inc. Common Stock	$774.39	20.75	2.753%	775,758,605,0
SECTOR	TSM	Taiwan Semiconductor Manufacturing Company Ltd.	$115.64	-0.55	-0.473%	599,717,828,6
☐ Basic Industries					
☐ Capital Goods					
☐ Consumer Durables	NVIDIA				

스크롤을 내리다 보면 좌측에 선택할 수 있는 필터가 있는데, 애널리스트 평가(Analyst Rating)가 '강력 매수(Strong Buy)'인 필터가 마음에 들어서 체크했다.

Nasdaq   MARKET ACTIVITY   NEWS + INSIGHTS   SOLUTIONS

REGION	V	Visa Inc.	$231.59	3.28	1.437%	492,549,564,7
☐ Africa	JPM	JP Morgan Chase & Co. Common Stock	$163.04	1.86	1.154%	487,188,849,0
☐ Asia					
☐ Australia and South Pacific	IDXX	IDEXX Laboratories, Inc. Common Stock	$679.64	-2.94	-0.431%	462,568,051,3
☐ Caribbean					
COUNTRY	JNJ	Johnson & Johnson Common Stock	$164.36	-0.50	-0.303%	432,674,756,6
☐ Turkey					
☐ United Kingdom	WMT	Walmart Inc. Common Stock	$143.17	0.40	0.28%	399,229,232,3
☑ United States					
☐ USA					
[Apply] Reset	BABA	Alibaba Group Holding Limited American Depositary	$145.08	-6.11	-4.041%	393,299,352,3

스크롤을 조금 더 내려보니 국가(Country) 필터가 있는데, 나는 지금 미국 주식 종목에 대한 시스템을 만드는 중이기 때문에 '미국(United States)'을 선택하고 적용(Apply) 버튼을 눌렀다.

최종적으로 2,040개의 종목이 필터링되었고 이를 엑셀 파일(CSV)로 다운로드할 수 있다.

(1.3)

다운 받은 파일을 열어보면 다음과 같이 나온다.

	A	B	C	D	E	F	G	H	I	J	K	L	M	N	O
1	Symbol	Name	Last Sale	Net Chan;	% Change	Market Ca	Country		IPO Year	Volume	Sector	Industry			
2	A	Agilent Te	$172.40	-0.37	-0.21%	5.22E+10	United St;		1999	1041760	Capital Gc	Electrical Products			
3	AADI	Aadi Biosc	$31.86	-0.47	-1.45%	6.64E+08	United States			44609	Health Ca	Biotechnology: Pharmaceutical Preparations			
4	AAPL	Apple Inc.	$146.92.	0.09	0.06%	2.55E+12	United St;		1980	53433727	Technolog	Computer Manufacturing			
5	AAWW	Atlas Air V	$78.50	0.94	1.21%	2.28E+09	United States			447079	Transport;	Transportation Services			
6	ABBV	AbbVie In	$107.07	-0.29	-0.27%	1.89E+11	United St;		2012	5835611	Health Ca	Other Pharmaceuticals			
7	ABCB	Ameris Ba	$50.66	1.12	2.26%	3.53E+09	United St;		1994	386678	Finance	Major Banks			
8	ABEO	Abeona Tl	$1.18	-0.04	-3.28%	1.19E+08	United St;			430084	Health Ca	Biotechnology: Pharmaceutical Preparations			
9	ABM	ABM Indu	$44.81	-0.1	-0.22%	3.01E+09	United States			190041	Technolog	Diversified Commercial Services			
10	ABMD	ABIOMED	$350.36	-0.25	-0.07%	1.59E+10	United States			193829	Health Ca	Medical/Dental Instruments			
11	ABNB	Airbnb Inc	$175.88	0.75	0.43%	1.05E+11	United St;		2020	4083605	Capital Gc	Industrial Machinery/Components			
12	ABOS	Acumen P	$16.14	0.02	0.12%	6.53E+08	United St;		2021	227626	Health Ca	Biotechnology: Pharmaceutical Preparations			
13	ABR	Arbor Rea	$18.37	0.01	0.05%	2.61E+09	United St;		2004	680381	Consumer	Real Estate Investment Trusts			
14	ABT	Abbott La	$124.37	-0.93	-0.74%	2.2E+11	United States			3045678	Health Ca	Medical/Dental Instruments			
15	ACC	American	$49.81	-0.33	-0.66%	6.93E+09	United St;		2004	411672	Consumer	Real Estate Investment Trusts			
16	ACCD	Accolade I	$43.06	-1.27	-2.87%	2.85E+09	United St;		2020	232768					
17	ACCO	Acco Bran	$8.85	-0.16	-1.78%	8.46E+08	United States			249886	Consumer	Advertising			
18	ACET	Adicet Bio	$7.60	0.32	4.40%	1.49E+08	United St;		2018	170597	Health Ca	Biotechnology: Pharmaceutical Preparations			

가장 왼쪽 A 열에서 Ticker 리스트를 볼 수 있다. 이를 기본 리스트로 활용하자. (2,040개의 종목 모두를 분석하기는 어려울 수도 있다. 종목 수를 줄이고 싶으면 위의 필터 적용 단계에서 다른 필터를 추가하여 줄일 수 있다.)

[1.5단계] stockrow.com 둘러보기

이번에는 stockrow.com 사이트를 살펴보자. 예시 종목은 구글(Alphabet Inc.)이다. 가장 윗부분에 몇몇 기본 정보가 있고 그 아래로 차트와 전문가 컨센서스(목표 주가)가 있다.

스크롤을 조금 내려보면 약 10년간의 최근 재무제표 정보가 있다.

Recommendation Rating: 3.6

	2011	2012	2013	2014	2015	2016	2017	2018	2019	2020	2021	2022	2023	
	37,905.00	46,039.00	55,519.00	66,001.00	74,989.00	89,733.00	111,024.00	136,958.00	161,402.00	182,350.00	-	-	-	Revenue
	65.21%	62.08%	60.39%	61.07%	62.44%	60.84%	58.94%	56.52%	55.46%	53.53%	-	-	-	Gross Margin
	13,326.00	14,469.00	15,899.00	17,259.00	19,651.00	24,750.00	27,393.00	34,913.00	39,625.00	48,082.00	-	-	-	EBT
	32.52%	31.43%	28.64%	26.35%	26.21%	26.91%	24.49%	25.49%	24.55%	26.37%	-	-	-	EBT Margin
	9,737.00	10,737.00	12,733.00	14,136.00	16,348.00	19,478.00	12,662.00	30,736.00	34,343.00	40,269.00	-	-	-	Net Income
	36.39	10.76	54.41	24.65	32.68	27.86	58.45	23.42	26.96	29.80	-	-	-	PE Ratio
	5.65	5.01	6.09	5.38	6.93	5.99	6.66	5.26	5.72	6.49	-	-	-	PS Ratio
	3.68	3.22	4.26	3.42	4.32	3.89	4.84	4.05	4.80	5.32	-	-	-	PB Ratio
	4.55	4.03	5.68	4.45	5.98	5.08	5.77	4.49	5.02	5.90	-	-	-	EV/Sales
	15.49	13.90	27.89	24.34	26.92	17.58	26.77	26.93	60.26	136.15	-	-	-	EV/FCF
	58.72	70.35	83.40	97.64	109.53	130.43	160.21	197.06	232.90	287.17	-	-	-	Revenue/Sh
	-	32.72	38.71	21.31	23.11	27.88	18.00	43.70	49.36	58.61	-	-	-	Earnings/Sh
	0.00	0.00	0.00	0.00	0.00	0.00	0.00	0.00	0.00	0.00	-	-	-	

	2011	2012	2013	2014	2015	2016	2017	2018	2019	2020	2021	2022	2023	
	22.56	25.39	28.03	34.06	38.81	52.38	53.52	69.02	78.67	102.56	-	-	-	Cash Flow/Sh
	(5.33)	(5.00)	(11.05)	(16.25)	(14.48)	(14.48)	(19.02)	(36.57)	(33.98)	(35.09)	-	-	-	Capex/Sh
	90.07	109.58	131.36	153.65	175.76	202.09	220.06	255.58	290.68	350.46	-	-	-	Book Value/Sh
	0.00	0.00	0.00	0.00	0.00	0.00	0.00	0.00	0.00	0.00	-	-	-	Div/Sh
	645.56	654.43	665.69	675.93	684.63	688.00	693.00	695.00	693.00	635.00	-	-	-	Shares
	14,565.00	16,619.00	18,659.00	23,024.00	26,572.00	36,036.00	37,091.00	47,971.00	54,520.00	65,124.00	-	-	-	Op' Cash Flow
	(3,438.00)	(3,273.00)	(7,358.00)	(10,969.00)	(9,915.00)	(9,972.00)	(13,184.00)	(25,139.00)	(23,548.00)	(22,281.00)	-	-	-	Capex
	11,327.00	13,346.00	11,301.00	12,065.00	16,657.00	26,064.00	23,907.00	22,832.00	30,972.00	42,843.00	-	-	-	FCF
	43,845.00	46,317.00	56,978.00	61,877.00	70,804.00	88,652.00	100,325.00	101,056.00	107,357.00	117,462.00	-	-	-	Working Cap'
	2,986.00	2,988.00	2,236.00	3,228.00	3,995.00	3,935.00	3,969.00	4,012.00	15,967.00	27,872.00	-	-	-	Total Debt
	58,145.00	71,715.00	87,309.00	103,860.00	120,331.00	139,036.00	152,502.00	177,628.00	201,442.00	222,544.00	-	-	-	Sh' Equity
	14.93%	12.91%	12.64%	11.77%	11.44%	12.37%	6.94%	14.29%	13.50%	13.52%	-	-	-	ROA
	44.46%	32.49%	31.23%	24.15%	24.56%	26.17%	29.97%	23.73%	21.89%	22.66%	-	-	-	ROIC
	18.66%	16.54%	16.01%	14.79%	14.32%	15.02%	8.69%	18.62%	18.12%	19.00%	-	-	-	ROE

(values in millions of $, except for ratios; future predictions are in bold)

25 Sep 1:36PM Why These 10 Tech Stocks Moved This Week Insider Monkey
12:51PM Here's The Trade Desk's Amazon-Sized Growth Opportunity Motley Fool

여기서 스크롤을 조금 더 내리다 보면 자산과 부채, 연평균 과거 성장 데이터 등을 볼 수 있다.

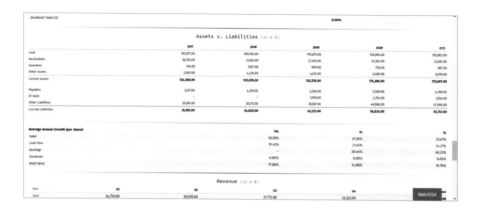

[2단계] 원자료 입력 레이아웃 만들기

본문에서 재무 정보를 바탕으로 좋은 기업을 판단하는 내 기준을 설명했다. 그 기준을 다시 한번 정리하면 다음과 같다.

요소	기준
안정성	유동비율(기준 연도)
	유동비율(최근 5년 평균)
	부채비율(기준 연도)
	부채비율(최근 5년 평균)
수익성	최근 5년 최저 ROE
	최근 5년 최저 ROA
	최근 5년 최저 순이익률
성장성	연평균 매출액 성장률(최근 3년)
	연평균 매출액 성장률(최근 5년)
	연평균 순이익 성장률(최근 3년)
	연평균 순이익 성장률(최근 5년)
	연평균 장부가치 성장률(최근 3년)
	연평균 장부가치 성장률(최근 5년)

위의 기준을 스프레드시트에서 한 행(가로)에 입력 후 평가 결과를 표시하도록 하면 필터링을 통해 투자 종목 리스트를 관리할 수 있다. 위 기준 중 '유동비율', '부채비율', '순이익률'은 재무제표와 기타 정보를 통해 계산해야 하고, 'ROE', 'ROA'는 이미 stockrow.com에서 계산된 정보를 제공한다. 그리고 성장성의 기준들은 최근 5년과 3년 성장률로 별도 정보로 제공되니 그대로 사용한다.

(2.1)

다음과 같이 레이아웃을 만든다. (데이터가 많기 때문에 가로로 길게 늘어난다.)

(레이아웃)			
셀	**입력**	**셀**	**입력**
A1, A2	종목		
B1 ~ F1	유동자산	B2 ~ F2	Y-4 ~ Y
G1 ~ K1	유동부채	G2 ~ K2	Y-4 ~ Y
L1 ~ P1	부채총액	L2 ~ P2	Y-4 ~ Y
Q1 ~ U1	자기자본	Q2 ~ U2	Y-4 ~ Y
V1 ~ Z1	ROE	V2 ~ Z2	Y-4 ~ Y
AA1 ~ AE1	ROA	AA2 ~ AE2	Y-4 ~ Y
AF1 ~ AJ1	순이익	AF2 ~ AJ2	Y-4 ~ Y
AK1 ~ AO1	매출액	AK2 ~ AO2	Y-4 ~ Y
AP1 ~ AQ1	매출액 성장률	AP2, AQ2	5년, 3년
AR1 ~ AS1	순이익 성장률	AR2, AS2	5년, 3년
AT1 ~ AU1	장부가치 성장률	AT2, AU2	5년, 3년

여기서 Y는 기준 연도(직전 연도)이다. 예를 들어 2020년도 기준으로 리스트를 만든다면 다음과 같다.

Y: 2020년

Y-1: 2019년

Y-2: 2018년

Y-3: 2017년

Y-4: 2016년

[3단계] 분석 대상 종목 정보 입력

이제 각각의 데이터를 입력하면 되는데, 수작업으로 하기는 불가능하다. 그래서 최대한 수작업을 줄일 수 있는 방법으로 만들어 보자.

(3.1)

레이아웃을 만든 워크시트는 '원자료'로 이름을 바꾸고, 새 워크시트를 만든다. 새 워크시트의 이름은 티커로 한다. (여기서는 GOOG)

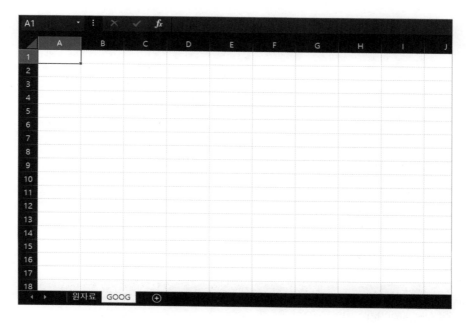

(3.2)

stockrow.com의 회사명부터 재무제표까지 복사해서 워크시트 'GOOG'
의 'A1' 셀에 붙여넣는다.

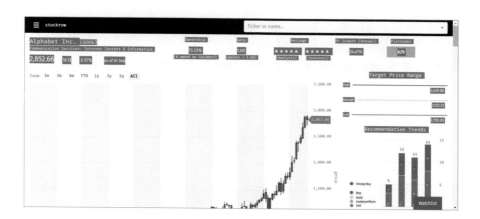

(복사, Ctrl+C)

(붙여넣기, Ctrl+V)

(3.3)

stockrow.com의 자산, 부채 정보(Assets v. Liabilities)부터 그 아래 연평균

성장률(Average Annual Growth)까지 복사해서 스프레드시트 'I1' 셀에 붙여
넣는다.

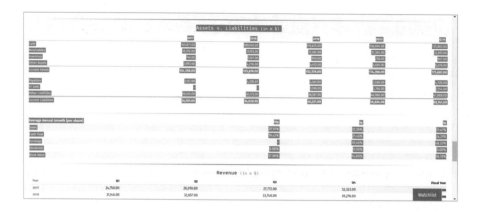

(복사, Ctrl+C)

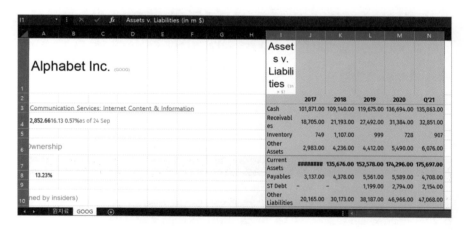

(붙여넣기, Ctrl+V)

그런데 stockrow.com에서는 공란을 '-'로 표시하여 프로그램에서는 문자로 인식할 수 있다. 따라서 문자 '-'를 숫자 0으로 바꿔주자.

(Ctrl+F ⇒ 바꾸기 탭 ⇒ 찾을 내용: - , 바꿀 내용: 0(또는 공란) ⇒ 모두 바꾸기)

[4단계] 워크시트 '원자료'로 분석 대상 종목 정보 불러오기

이제 'GOOG' 워크시트의 정보를 '원자료' 워크시트로 불러오면 된다. 단순 엑셀 프로그램의 기능이므로 상세한 설명은 생략한다.

(4.1)

셀	함수	셀	함수
	(수식 입력)		
B3	N/A	Y3	=INDIRECT(A3&"!$I$110")
C3	=INDIRECT(A3&"!$J$7")	Z3	=INDIRECT(A3&"!$J$110")
D3	=INDIRECT(A3&"!$K$7")	AA3	=INDIRECT(A3&"!$F$106")
E3	=INDIRECT(A3&"!$L$7")	AB3	=INDIRECT(A3&"!$G$106")
F3	=INDIRECT(A3&"!$M$7")	AC3	=INDIRECT(A3&"!$H$106")
G3	N/A	AD3	=INDIRECT(A3&"!$I$106")
H3	=INDIRECT(A3&"!$J$11")	AE3	=INDIRECT(A3&"!$J$106")
I3	=INDIRECT(A3&"!$K$11")	AF3	=INDIRECT(A3&"!$F$70")
J3	=INDIRECT(A3&"!$L$11")	AG3	=INDIRECT(A3&"!$G$70")
K3	=INDIRECT(A3&"!$M$11")	AH3	=INDIRECT(A3&"!$H$70")
L3	=INDIRECT(A3&"!$F$102")	AI3	=INDIRECT(A3&"!$I$70")
M3	=INDIRECT(A3&"!$G$102")	AJ3	=INDIRECT(A3&"!$J$70")
N3	=INDIRECT(A3&"!$H$102")	AK3	=INDIRECT(A3&"!$F$62")
O3	=INDIRECT(A3&"!$I$102")	AL3	=INDIRECT(A3&"!$G$62")
P3	=INDIRECT(A3&"!$J$102")	AM3	=INDIRECT(A3&"!$H$62")
Q3	=INDIRECT(A3&"!$F$104")	AN3	=INDIRECT(A3&"!$I$62")
R3	=INDIRECT(A3&"!$G$104")	AO3	=INDIRECT(A3&"!$J$62")
S3	=INDIRECT(A3&"!$H$104")	AP3	=INDIRECT(A3&"!$K$14")
T3	=INDIRECT(A3&"!$I$104")	AQ3	=INDIRECT(A3&"!$L$14")
U3	=INDIRECT(A3&"!$J$104")	AR3	=INDIRECT(A3&"!$K$16")
V3	=INDIRECT(A3&"!$F$110")	AS3	=INDIRECT(A3&"!$L$16")
W3	=INDIRECT(A3&"!$G$110")	AT3	=INDIRECT(A3&"!$K$17")
X3	=INDIRECT(A3&"!$H$110")	AU3	=INDIRECT(A3&"!$L$17")

유동자산과 유동부채는 최근 4개년도 자료밖에 제공되지 않아서 B3와 G3 셀은 비워됐다.

위의 함수를 입력 후 3번 행을 복사하여 그 아래 행들에 붙여넣으면 된다.

[5단계] 분석 종목 리스트 입력

이제 앞서 [1단계] 에서 다운로드했던 종목 리스트를 워크시트 '원자료' 의 A 열에 붙여 넣어보자.

(5.1)

nasdaq.com에서 다운로드했던 엑셀 파일 A 열(A2 이하)을 복사하여, 워크시트 '원자료'의 'A3' 셀에 붙여넣는다.

(5.2)

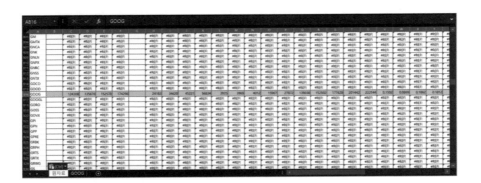

종목 리스트를 붙여넣고 티커 'GOOG' 이 있는 위치로 내려와서 정상적으로 데이터를 불러왔음을 확인한다.

[6단계] 데이터 가공

이제 원자료를 수집했으니 좋은 기업을 찾을 수 있도록 데이터를 가공한다.

(6.1)

평가 기준에 대한 레이아웃을 만든다.

(레이아웃)			
셀	입력	셀	입력
AW1	유동비율	AW2	2
AX1	유동비율(5년)	AX2	2
AY1	부채비율	AY2	1
AZ1	부채비율(5년)	AZ2	1
BA1	최저 ROE(5년)	BA2	5%
BB1	최저 ROA(5년)	BB2	5%
BC1	최저 순이익률(5년)	BC2	5%
BD1	매출액 성장(3년)	BD2	10%
BE1	순이익 성장(3년)	BE2	10%
BF1	장부가치 성장(3년)	BF2	10%
BG1	매출액 성장(5년)	BG2	5%
BH1	순이익 성장(5년)	BH2	5%
BI1	장부가치 성장(5년)	BI2	5%

AW 열부터 시작했으며 1행에는 기준 지표를 입력하고 2행에는 평가 기준을 입력했다. (2행의 평가 기준은 임의로 설정하면 된다.)

(6.2)
평가 기준 데이터를 가공할 계산식을 입력한다.

(수식 입력)	
셀	함수
AW3	=F3/K3
AX3	=AVERAGE(C3/H3, D3/I3, E3/J3, F3/K3)
AY3	=P3/U3
AZ3	=AVERAGE(L3/Q3,M3/R3,N3/S3,O3/T3,P3/U3)
BA3	=MIN(V3:Z3)
BB3	=MIN(AA3:AE3)
BC3	=MIN(AF3/AK3,AG3/AL3,AH3/AM3,AI3/AN3,AJ3/AO3)
BD3	=AQ3
BE3	=AS3
BF3	=AU3
BG3	=AP3
BH3	=AR3
BI3	=AT3

[7단계] 가공한 데이터 평가

이제 각각의 기준 항목을 평가해보자. 상세한 판단과 평가 기준에 대해서는 본문을 참조 바란다.

(7.1)

평가 결과 레이아웃을 만든다.

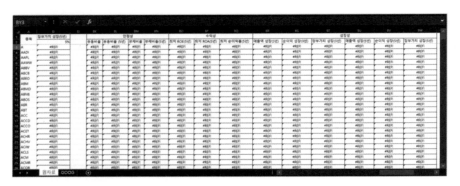

(레이아웃)			
셀	입력	셀	입력
BK1		BK2	유동비율
BL1		BL2	유동비율(5년)
BM1	안정성	BM2	부채비율
BN1		BN2	부채비율(5년)
BO1		BO2	최저 ROE(5년)
BP1	수익성	BP2	최저 ROA(5년)
BQ1		BQ2	최저 순이익률(5년)
BR1		BR2	매출액 성장(3년)
BS1		BS2	순이익 성장(3년)
BT1		BT2	장부가치 성장(3년)
BU1	성장성	BU2	매출액 성장(5년)
BV1		BV2	순이익 성장(5년)
BW1		BW2	장부가치 성장(5년)

(7.2)

각 항목을 평가할 계산식을 입력한다.

(수식 입력)	
셀	함수
BK3	=IF(AW3>=$AW$2,"좋음","나쁨")
BL3	=IF(AX3>=$AX$2,"좋음","나쁨")
BM3	=IF(AY3<=$AY$2,"좋음","나쁨")
BN3	=IF(AZ3<=$AZ$2,"좋음","나쁨")
BO3	=IF(BA3>=$BA$2,"좋음","나쁨")
BP3	=IF(BB3>=$BB$2,"좋음","나쁨")
BQ3	=IF(BC3>=$BC$2,"좋음","나쁨")
BR3	=IF(OR(AND(BD3>BG3*1.5,BG3>1%),BD3>=$BD$2),"좋음","나쁨")
BS3	=IF(OR(AND(BE3>BH3*1.5,BH3>1%),BE3>=$BE$2),"좋음","나쁨")
BT3	=IF(OR(AND(BF3>BI3*1.5,BI3>1%),BF3>=$BF$2),"좋음","나쁨")
BU3	=IF(BG3>=$BG$2,"좋음","나쁨")
BV3	=IF(BH3>=$BH$2,"좋음","나쁨")
BW3	=IF(BI3>=$BI$2,"좋음","나쁨")

[8단계] 최종 평가

마지막으로 각각 평가한 항목들로 최종 기업 평가를 한다.

(8.1)

최종 평가 레이아웃을 만든다.

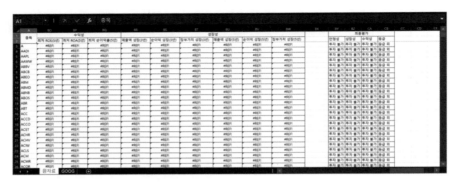

(레이아웃)			
셀	입력	셀	입력
BY1	최종평가	BY2	안정성
BZ1		BZ2	성장성
CA1		CA2	수익성
CB1		CB2	등급

(8.2)

최종 평가 계산식을 입력한다. 수식이 길기 때문에 차근차근 살펴보기 바란다.

셀	함수
BY	=IFS(COUNTIF(BK3:BN3,"좋음")=4,"투자 가능",OR(COUNTIF(BK3:BN3,"좋음")=3,COUNTIF(BK3:BL3,"좋음")=2,COUNTIF(BM3:BN3,"좋음")=2),"투자 고려",AND(COUNTIF(BK3:BL3,"좋음")=1,COUNTIF(BM3:BN3,"좋음")=1),"투자 불가",COUNTIF(BK3:BN3,"좋음")〈2,"투자 불가")
BZ	=IFS(COUNTIF(BO3:BQ3,"좋음")=3,"투자 가능",COUNTIF(BO3:BQ3,"좋음")=2,"투자 고려",COUNTIF(BO3:BQ3,"좋음")〈2,"투자 불가")
CA	=IFS(AND(COUNTIF(BR3:BT3,"좋음")=3,COUNTIF(BU3:BW3,"좋음")〉=2),"투자 가능",AND(COUNTIF(BR3:BT3,"좋음")=3,COUNTIF(BU3:BW3,"좋음")=1),"투자 고려",OR(COUNTIF(BR3:BT3,"좋음")〈3,COUNTIF(BU3:BW3,"좋음")=0),"투자 불가")
CB	=IFS(COUNTIF(BK3:BW3,"좋음")=13,"AA",AND(COUNTIF(BK3:BW3,"좋음")〈13,COUNTIF(BY3:CA3,"투자 가능")=3),"A0",AND(COUNTIF(BY3:CA3,"투자 가능")=2,COUNTIF(BY3:CA3,"투자 고려")=1),"BB",AND(COUNTIF(BY3:CA3,"투자 가능")=1,COUNTIF(BY3:CA3,"투자 고려")=2),"B0",COUNTIF(BY3:CA3,"투자 고려")=3,"C0",COUNTIF(BY3:CA3,"투자 불가")〉=1,"등급 외")

이렇게 해서 최종적으로 판단한 구글의 투자 등급은 'AA'이다.

모든 종목의 워크시트를 만들어서 stockrow.com의 정보를 복사 및 붙여 넣기를 하면 투자 등급이 설정되고 2행에 필터(데이터=>필터)를 적용하면 투자 종목 리스트를 추려낼 수 있다.

적정 주가 계산 시트 만들기

　이번에는 투자 종목 리스트의 기업의 적정 주가를 계산하는 워크시트를 만들어보자. 우선 연간 재무제표를 기준으로 적정 주가를 계산하기 때문에 여기서는 해당연도 초 기준의 적정 주가를 계산한다. 예를 들어 2020년 재무제표 기준으로 계산하면 2021년 1월 1일 기준의 적정 주가가 계산되는 것이다.

　적정 주가를 계산하기 위해 필요한 항목은 다음과 같다.

항목		설명
기준 날짜		올해 1월 1일
주가 정보	기준일 차트 주가	차트의 흐름을 반영한 적정 주가를 주관적으로 판단한다. (이유는 본문 참조)
	지난달 주가	애널리스트의 목표 주가(컨센서스)는 주가의 변동과 함께 수시로 업데이트된다. 컨센서스와 현재 주가의 차이로 예상 성장률을 계산하기 위해 기준 주가가 필요한데, 지난달 시초가와 종가 중 높은 주가를 기준으로 한다.
	컨센서스 주가	애널리스트의 평균 목표 주가
예상 성장률	주관적 예상 성장률	주관적으로 판단한 향후 연평균 예상 성장률
	애널리스트 예상 성장률	컨센서스 주가와 지난달 주가를 비교해서 계산한 예상 성장률
	ROE 기준 예상 성장률	순이익에 기반한 현실적으로 달성 가능한 성장률인 ROE로 본 예상 성장률
	과거 5년 연평균 성장률	과거 5년간 연평균 주가 상승률
참조 지표	EPS	주가 계산 공식에 사용되는 지표
	ROE	
	FCF	
	역사상 최고 PER	
	발행 주식 수	

	멀티플 기준 주가	
	투자 회수 기간 기준 주가	
	안전마진 기준 주가	
	멀티플 r	
주가	투자 회수 기간 r	
계산	안전마진 r	공식에 따라 계산되는 주가와 최종 적정 주가 계산
참조	멀티플 F	을 위해 필요한 숫자
숫자	투자 회수 기간 F	
	안전마진 F	
	멀티플 F%	
	투자 회수 기간 F%	
	안전마진 F%	

위 항목에서 '지난달 주가', '컨센서스 주가', '주관적 예상 성장률'은 수시로 바뀌기 때문에 매월 업데이트가 필요하다.

[1단계] 새 워크시트와 레이아웃 만들기

(1.1)

새 워크시트 '주가 계산'을 만든다.

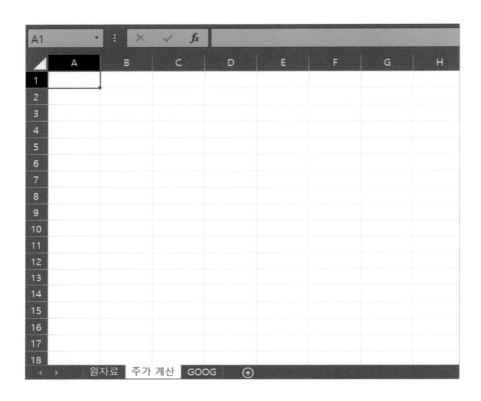

(1.2)

레이아웃을 만든다.

236

매년 1회 수작업이 필요한 항목은 회색, 매월 수작업 업데이트가 필요한 항목은 노란색으로 표시했다.

(레이아웃)			
셀	입력	셀	입력
A1	기준 날짜	K3	ROE
A2, A3	종목	L3	FCF
B2 ~ D2	주가 정보	M3	PER
E2 ~ I2	예상 성장률	N3	발행 주식 수
J2 ~ N2	참조 지표	O3	멀티플
O2 ~ Z2	계산 참조 정보	P3	투자 회수기간
AA2, AA3	기준일 적정 주가	Q3	안전마진
B3	기준일 차트 주가	R3	멀티플 r
C3	지난 달 주가	S3	투자 회수기간 r
D3	컨센서스 주가	T3	안전마진 r
E3	주관	U3	멀티플 F
F3	애널리스트	V3	투자 회수기간 F
G3	ROE	W3	안전마진 F
H3	5년 평균	X3	멀티플 F%
I3	결정 성장률	Y3	투자 회수기간 F%
J3	EPS	Z3	안전마진 F%

[2단계] 수작업이 필요한 항목 입력

(2.1)

- B2 셀: 해당연도 1월 1일을 입력한다.

- B4 셀: 기준일 차트 주가는 추세에 따라 주관적인 판단으로 결정한 주가를 입력한다.

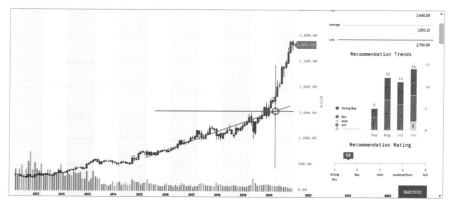

(2021년 1월 1일 기준 차트 추세에 따라 1,550.00달러로 판단)

- C4 셀: 지난달 주가는 stockrow.com의 차트에서 마우스 커서를 올리면 정보창이 뜨는데, Open(시초가)과 Close(종가) 중 높은 주가를 입력한다. (애널리스트의 예상 성장률을 최대한 보수적으로 낮춰 잡기 위함)

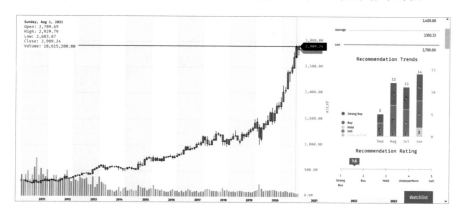

- D4 셀: 컨센서스 주가는 우측 목표가(Target Price) 중 중간값(Average)
  으로 입력한다.

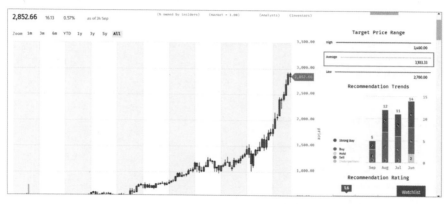

- E4 셀: 주관적 판단에 따른 향후 예상 성장률을 입력한다.

[3단계] 자동으로 계산되는 항목 수식 입력

(3.1)

나머지 항목은 모두 계산식에 따라 자동으로 입력된다. 각 셀에 입력할
계산식은 다음과 같다.

(수식 입력)	
셀	함수
F4	=(D4-C4)/C4
G4*	=AVERAGE(INDIRECT(A4&"!f110:j110"))
H4	=INDIRECT(A4&"!a32")
I4	=MEDIAN(E4:H4)*0.8
J4	=INDIRECT(A4&"!j84")
K4	=INDIRECT(A4&"!j110")
L4	=INDIRECT(A4&"!j98")
M4	=MAX(INDIRECT(A4&"!a72:j72"))
N4	=INDIRECT(A4&"!j92")
O4	=MAX(0,J4*K4*100)
P4	=MAX(0,L4*((1+I4)^9-(1+I4))/I4/N4)
Q4	=MAX(0,J4*(1+I4)^10*MIN(M4,I4*200)/8)
R4	=IFS(O4=MAX(O4:Q4),1,O4=MEDIAN(O4:Q4),1/2,O4=MIN(O4:Q4),1/3)*ABS(B4-O4)
S4	=IFS(P4=MAX(O4:Q4),1,P4=MEDIAN(O4:Q4),1/2,P4=MIN(O4:Q4),1/3)*ABS(B4-P4)
T4	=IFS(Q4=MAX(O4:Q4),1,Q4=MEDIAN(O4:Q4),1/2,Q4=MIN(O4:Q4),1/3)*ABS(B4-Q4)
U4	=B4*O4/R4^2
V4	=B4*P4/S4^2
W4	=B4*Q4/T4^2

X4	=U4/SUM(U4:W4)
Y4	=V4/SUM(U4:W4)
Z4	=W4/SUM(U4:W4)
AA4	=O4*X4+P4*Y4+Q4*Z4

* ROE를 기준으로 예상 성장률을 판단할 때 본문에서는 배당 성향을 고려하라고 했으나, 실제 계산에서 큰 영향을 미치지 않으며 편의를 위해 반영하지 않았다.

이렇게 시스템에 따라 계산한 2021년 1월 1일 기준 구글(티커:GOOG)의 적정 주가는 다음과 같이 나온다. (예시를 위해 임의의 값으로 계산했기 때문에 실제 내가 참조하는 주가는 아니다.)

T	U	V	W	X	Y	Z	AA
계산 참조 정보							기준일 적정 주가
안전마진 r	멀티플 F	투자 회수기간 F	안전마진 F	멀티플 P%	투자 회수기간 P%	안전마진 P%	
323.19	36.25	16.61	8.61	0.59	0.27	0.14	1,272.90

투자 판단 시스템 만들기

앞서 계산한 주가 정보를 바탕으로 투자 판단을 도와줄 시트를 만들 차례다.

투자를 판단하기 위해 필요한 정보는 다음과 같다.

항목	설명
오늘 날짜	투자 시점의 매수가 결정을 위해 오늘 날짜가 필요하다.
현재가	투자 시점의 주가
섹터	해당 종목의 산업군을 표시
평가 등급	투자 종목 리스트에서 평가한 등급
현재 PER	현재가 기준의 PER (28 이상이면 투자하지 않는다.)
섹터 PER	리스트 내 동일 섹터 종목의 평균 PER

현재 PBR		현재가 기준의 PBR
섹터 PBR		리스트 내 동일 섹터 종목의 평균 PBR
예상 성장률		향후 2~3년간 예상되는 성장률
매도 정보	매도일	주가 계산 기준일 대비 2~3년 후 날짜로 설정
	목표 매도가	매도일에 도달할 것으로 예상하는 주가
매수 정보	적정가	투자 시점 기준의 적정 주가
	기본 할인율	기본 10% 할인을 권장하지만, 개인 판단에 따라 설정
	최종 매수가	평가 등급과 할인율을 고려하여 결정한 매수가

[1단계] 새 워크시트와 레이아웃 만들기

(1.1)

새 워크시트 '투자 판단'을 만든다.

(1.2)

레이아웃을 만든다.

수작업이 필요한 항목은 노란색으로 표시했다.

(레이아웃)			
셀	입력	셀	입력
A1	오늘 날짜	I2, I3	예상 성장률
A2, A3	종목	J2, K2	매도
B2, B3	현재가	L2 ~ N2	매수
C2, C3	섹터	J3	매도일
D2, D3	평가 등급	K3	목표 매도가
E2, E3	현재 PER	L3	적정가
F2, F3	섹터 PER	M3	기본 할인율
G2, G3	현재 PBR	N3	최종 매수가
H2, H3	섹터 PBR		

[2단계] 수작업이 필요한 항목 입력

(2.1)

- B4 셀: 투자 판단 시점의 현재 주가를 입력한다.

- J4 셀: 주가 계산 기준일의 2년 또는 3년 후 날짜로 입력한다.

  (예를 들어, 기준일이 2021년 1월 1일이라면 2022년 12월 31일 또는 2023년

  12월 31일)

- M4 셀: 기본 할인율을 입력한다. (개인 판단. 내 기준은 10%이다.)

[3단계] 자동으로 계산되는 항목 수식 입력

(3.1)

나머지 항목은 모두 계산식에 따라 자동으로 입력된다. 각 셀에 입력할
계산식은 다음과 같다.

셀	함수
	(수식 입력)
B1	=TODAY()
C4	=INDIRECT(A4&"!a3")
D4	=VLOOKUP(A4,원자료!$A$3:$CB$10000,80,0)
E4	=B4/INDIRECT(A4&"!j84")
F4	=AVERAGEIF($C$4:$C$500,C4,$E$4:$E$500)
G4	=B4/INDIRECT(A4&"!j90")
H4	=AVERAGEIF($C$4:$C$500,C4,$G$4:$G$500)
I4	=VLOOKUP(A4,'주가 계산'!$A$4:$I$500,9,0)
K4	=VLOOKUP(A4,'주가 계산'!$A$4:$AA$500,27,0)*(1+I4)^((J4-'주가 계산'!$B$1)/365)
L4	=VLOOKUP(A4,'주가 계산'!$A$4:$AA$500,27,0)+(K4-VLOOKUP(A4,'주가 계산'!$A$4:$AA$500,27,0))/(J4-'주가 계산'!$B$1)
N4	=MIN(B4,L4*(1-(M4+IFS(D4="AA",0%,D4="A0",2%,D4="BB",4%,D4="B0",6%,D4="C0",8%))))

위의 방법으로 구글(GOOG)의 정보를 입력하면 다음과 같은 결과가 나온다.

이 책에서 나오는 방법에 따라 매수가를 계산하면 구글과 같은 고성장 기술주 종목은 대부분 제외된다. 따라서 섹터에 따라 기본 할인율을 조정하거나 최종 매수가에 특정 배수를 적용해서 매수 판단을 할 수 있다. 그러나 어느 정도 실력과 경험이 쌓이기 전에는 그러한 고성장 기술주는 투자에서 배제하는 편이 안전할 것이다.

매매 관리 시스템 만들기

시스템 만들기의 마지막 단계다. 이번에는 투자 판단을 하고 나서 '씨앗 전략'에 따라 씨앗 종목을 어떻게 매매할지 도움을 주는 워크시트를 만든다. 투자 전략과 관련되기 때문에 개인 성향에 따라 주관적인 판단이 필요한 부분이 많다.

[1단계] 새 워크시트와 레이아웃 만들기

(1.1)

새 워크시트 '매매 계획'을 만든다.

(1.2)

레이아웃을 만든다.

주관적인 판단으로 입력해야 하는 항목은 노란색으로 표시했다.

(레이아웃)			
셀	입력	셀	입력
A1	종목	J1	회수 속도
B1	적정가	K1	목표 수익
C1	매수가	L1	목표 상승률
D1	목표 매도가	M1	매수량
E1	신뢰도	N1	투자금
F1	최종 매도가	O1	매도량
G1	기대 상승률	P1	원금 회수가
H1	매수일	Q1	잔량
I1	목표 매도일	R1	회수금

다음 단계로 넘어가기 전에 각각의 항목에 대한 이해가 필요하다.

열	항목	설명
A	종목	투자를 결정한 종목
B	적정가	워크시트 '투자 판단'에서 계산된 적정가 (할인 적용 전)
C	매수가	워크시트 '투자 판단'에서 계산된 최종 매수가
D	목표 매도가	워크시트 '투자 판단'에서 계산된 목표 매도가
E	신뢰도	해당 종목의 계산 주가에 대한 주관적 신뢰도. 1 ~ 10 사이의 숫자. 신뢰도가 높을수록 10에 가까움.
F	최종 매도가	신뢰도에 따라 조정된 최종 매도가
G	기대 상승률	실제 매수가 대비 최종 매도가의 주가 상승률
H	매수일	실제 투자 실행일
I	목표 매도일	워크시트 '투자 판단'에서 결정한 목표 매도일
J	회수 속도	씨앗 전략에 따라 얼마나 빠른 속도로 원금을 회수할지에 대한 판단. 1 ~ 10 사이의 숫자. 10에 높을수록 회수 속도가 빠르며 더 많은 투자금이 필요함. (회수 속도에 따라 변화되는 목표 상승률을 확인하여, 10 ~ 15% 수준으로 정해지도록 입력하는 것을 권장)
K	목표 수익	씨앗 주식을 최종 매도가에 매도했을 때 얻을 수익금 목표. 목표 수익에 따라 투자금의 크기가 변하기 때문에 한 종목 투자금이 초과하지 않는 선에서 결정
L	목표 상승률	매수가 대비 원금 회수 주가의 상승률. 회수 속도에 따라 달라짐
M	매수량	매수 주문할 수량
N	투자금	매수를 위해 필요한 투자금
O	매도량	원금 회수를 위해 매도할 수량
P	원금 회수가	원금 회수 시 매도 주문할 매도가
Q	잔량	원금 회수 후 남게 되는 씨앗 주식의 수량
R	회수금	원금 회수가와 매도량에 따라 회수되는 투자 원금

[2단계] 수작업이 필요한 항목 입력

(2.1)

- A1 셀: 투자를 결정한 종목명을 입력한다.

- B1 셀: 워크시트 '투자 판단'에서 계산된 적정가를 입력한다.

- C1 셀: 워크시트 '투자 판단'에서 계산된 최종 매수가를 입력한다.

- D1 셀: 워크시트 '투자 판단'에서 계산된 목표 매도가를 입력한다.

- E1 셀: 해당 종목의 계산 주가에 대한 주관적 신뢰도를 1 ~ 10 사이로 입력한다.

- H1 셀: 실제 해당 종목 매수일을 입력한다.

- I1 셀: 워크시트 '투자 판단'에서 결정한 목표 매도일을 입력한다.

- J1 셀: 얼마나 빠른 속도로 원금을 회수할지에 대한 판단하여 1 ~ 10 사이로 입력한다.

- K1 셀: 입력값에 따라 변하는 투자금(N 열)의 변화를 확인하며 씨앗 주식을 최종 매도가에 매도했을 때 얻을 수익금 목표를 입력한다.

[3단계] 자동으로 계산되는 항목 수식 입력

(3.1)

나머지 항목은 모두 계산식에 따라 자동으로 입력된다. 각 셀에 입력할 계산식은 다음과 같다.

(수식 입력)	
셀	함수
F2	=B2+(D2-B2)*(E2/10)
G2	=F2/C2-1
L2	=G2/J2
M2	=ROUNDUP(Q2+Q2*(1/L2),0)
N2	=C2*M2
O2	=M2-Q2
P2	=C2*(1+L2)
Q2	=ROUNDUP(K2/F2,0)
R2	=P2*O2

위와 같은 방법으로 앞서 예시로 사용했던 구글(GOOG) 주식에 투자할 시 다음과 같은 매매 전략을 취할 수 있다.

종목	목표가	매수가	목표 매도가	신뢰도	최종 매도가	기대 상승률	매수일	목표 매도일	회수 속도	목표 수익	목표 상승률	매수량	투자금	매도량	원금 회수가	잔량	회수금
GOOG	1,279.39	1,146.05	1,804.87	8	1,698.57	48.2%	2021-09-27	2023-12-31	4	3,300.00	12.1%	19	21,774.95	17	1,284.18	2	21,831.06

(1,146.05달러에 19주 매수하여 주가가 1,284.18달러로 상승 시 17주 매도하여 원금을 회수한다.)

부동산/재테크/창업

장인석 지음 | 17,500원
348쪽 | 152×224mm

롱텀 부동산 투자 58가지

이 책은 현재의 내 자금 규모로, 어떤 위치의 부동산을 언제 살 것인가에 대한 탁월한 분석을 펼쳐 보여 준다. 월세탈출, 전세탈출, 무주택자탈출을 꿈꾸는, 건물주가 되고 싶고, 꼬박꼬박 월세 받으며 여유로운 노후를 보내고 싶은 사람들을 위한 확실한 부동산 투자 지침서가 되기에 충분하다. 이 책은 실질금리 마이너스 시대를 사는 부동산 실수요자, 투자자 모두에게 현실적인 투자 원칙을 수립할 수 있도록 해줄 뿐 아니라 실제 구매와 투자에 있어서도 참고할 정보가 많다.

나창근 지음 | 15,000원
302쪽 | 152×224mm

나의 꿈, 꼬마빌딩 건물주 되기

'조물주 위에 건물주'라는 유행어가 있듯이 건물주는 누구나 한 번은 품어보는 달콤한 꿈이다. 자금이 없으면 건물주는 영원한 꿈일까? 저자는 현재와 미래의 부동산 흐름을 읽을 줄 아는 안목과 자기 자금력에 맞춘 전략, 꼬마빌딩을 관리할 줄 아는 노하우만 있으면 부족한 자금을 충분히 상쇄할 수 있다고 주장한다. 또한 액수별 투자전략과 빌딩 관리 노하우 그리고 건물주가 알아야 할 부동산지식을 알기 쉽게 설명한다.

박갑현 지음 | 14,500원
264쪽 | 152×224mm

월급쟁이들은 경매가 답이다
1,000만 원으로 시작해서 연금처럼 월급받는 투자 노하우

경매에 처음 도전하는 직장인의 눈높이에서 부동산 경매의 모든 것을 알기 쉽게 풀어낸다. 일상생활에서 부동산에 대한 감각을 기를 수 있는 방법에서부터 경매용어와 절차를 이해하기 쉽게 설명하며 각 과정에서 꼭 알아야 할 중요사항들을 살펴본다. 경매 종목 또한 주택, 업무용 부동산, 상가로 분류하여 각 종목별 장단점, '주택임대차보호법' 등 경매와 관련되어 파악하고 있어야 할 사항들도 꼼꼼하게 짚어준다.

초저금리 시대에도 꼬박꼬박 월세 나오는
수익형 부동산

나창근 지음 | 17,000원
332쪽 | 152×224mm

현재 (주)기림이엔씨 부설 리치부동산연구소 대표이사로 재직하고 있으며 [부동산TV], [MBN], [한국경제TV], [KBS] 등 방송에서 알기 쉬운 눈높이 설명으로 호평을 받은 저자는 부동산 트렌드의 변화와 흐름을 짚어주며 수익형 부동산의 종류별 특성과 투자노하우를 소개한다. 여유자금이 부족한 투자자도 전략적으로 투자할 수 있는 혜안을 얻을 수 있을 것이다.

주식/금융투자

북오션의 주식/금융 투자부문의 도서에서 독자들은 주식투자 입문부터 실전 전문투자, 암호화폐 등 최신의 투자흐름까지 폭넓게 선택할 수 있습니다.

주식투자
기본도 모르고 할 뻔했다

박병창 지음 | 19,000원
360쪽 | 172×235mm

코로나 19로 경기가 위축되는데도 불구하고 저금리 기조가 계속되자 시중에 풀린 돈이 주식시장으로 몰리고 있다. 때 아닌 활황을 맞은 주식시장에 너나없이 뛰어들고 있는데, 과연 이들은 기본은 알고 있는 것일까? '삼프로TV', '쏠쏠TV'의 박병창 트레이더는 '기본 원칙' 없이 시작하는 주식 투자는 결국 손실로 이어짐을 잘 알고 있기에 이 책을 써야만 했다.

하루 만에 수익 내는
데이트레이딩 3대 타법

유지윤 지음 | 25,000원
312쪽 | 172×235mm

주식 투자를 한다고 하면 다들 장기 투자나 가치 투자를 말하지만, 장기 투자와 다르게 단기 투자, 그중 데이트레이딩은 개인도 충분히 가능하다. 물론 쉽지는 않다. 꾸준한 노력과 연습이 있어야 한다. 하지만 가능하다는 것이 중요하고, 매일 수익을 낼 수 있다는 것이 중요하다. 그 방법을 이 책이 알려준다.

최기운 지음 | 18,000원
424쪽 | 172×245mm

10만원으로 시작하는 주식투자

4차산업혁명 시대를 선도하는 기업의 주식은 어떤 것들이 있을까? 이제 이 책을 통해 초보투자자들은 기본적이고 다양한 기술적 분석을 익히고 그것을 바탕으로 향후 성장 유망한 기업에 투자할 수 있는 밝은 눈을 가진 성공한 가치투자자가 될 수 있다. 조금 더 지름길로 가고 싶다면 저자가 친절하게 가이드 해준 몇몇 기업을 눈여겨보아도 좋다.

박병창 지음 | 18,000원
288쪽 | 172×235mm

현명한 당신의 주식투자 교과서

경력 23년차 트레이더이자 한때 스패큐라는 아이디로 주식투자 교육 전문가로 불리기도 한 저자는 "기본만으로 성공할 수 없지만, 기본 없이는 절대 성공할 수 없다"고 하며, 우리가 모르는 '기본'을 설명한다. 아마도 이 책을 보고 나면 '내가 이것도 몰랐다니' 하는 감탄사가 입에서 나올지도 모른다. 저자가 말해주는 세 가지 기본만 알면 어떤 상황에서도 주식투자를 할 수 있다.

최기운 지음 | 18,000원
300쪽 | 172×235mm

동학 개미 주식 열공

〈순매매 교차 투자법〉은 단순하다. 주가에 가장 큰 영향을 미치는 사람의 심리가 차트에 드러난 것을 보고 매매하기 때문이다. 머뭇거리는 개인 투자자와 냉철한 외국인 투자자의 순매매 동향이 교차하는 곳을 매매 시점으로 보고 판단하면 매우 높은 확률로 이익을 실현할 수 있다.

곽호열 지음 | 19,000원
244쪽 | 188×254mm

초보자를 실전 고수로 만드는 주가차트 완전정복

이 책은 주식 전문 블로그 〈달공이의 주식투자 노하우〉의 운영자 곽호열이 예리한 분석력과 세심한 코치로 입문하는 사람은 물론 중급자들이 놓치기 쉬운 기술적 분석을 다양하게 선보인다. 상승이 예상되는 관심 종목 분석과 차트를 통한 매수매도타이밍 포착, 수익과 손실에 따른 리스크 관리 및 대응방법 등 주식시장에서 이기는 노하우와 차트기술에 대해 안내한다.

유지윤 지음 | 18,000원
264쪽 | 172×235mm

누구나 주식투자로
3개월에 1000만원 벌 수 있다

주식시장에서 은근슬쩍 돈을 버는 사람들이 있다. '3개월에 1000만 원' 정도를 목표로 정하고, 자신만의 투자법을 착실히 지키는 사람들이다. 3개월에 1000만 원이면 웬만한 사람들 월급이다. 대박을 노리지 않고, 딱 3개월에 1000만 원만 목표로 삼고, 그것에 맞는 투자 원칙만 지키면 가능하다. 이렇게 1000만 원을 벌고 나서 다음 단계로 점프해도 늦지 않는다.

근투생 김민후(김달호) 지음
16,000원 | 224쪽
172×235mm

삼성전자 주식을 알면
주식 투자의 길이 보인다

인기 유튜브 '근투생'의 주린이를 위한 투자 노하우. 국내 최초로 삼성전자 주식을 입체분석한 책이다. 삼성전자 주식은 이른바 '국민주식'이 되었다. 매년 꾸준히 놀라운 이익을 내고 있으며, 변화가 적고 꾸준히 상승할 것이라는 예상이 있기에, 이 책에서는 삼성전자 주식을 모델로 초보 투자자가 알아야 할 거의 모든 것을 설명한다.

금융의정석 지음 | 16,000원
232쪽 | 152×224mm

슬기로운 금융생활

직장인이 부자가 될 방법은 월급을 가지고 효율적으로 소비하고, 알뜰히 저축해서, 가성비 높은 투자를 하는 것뿐이다. 그 기반이 되는 것이 금융 지식이다. 금융 지식을 전달함으로써 개설 8개월 만에 10만 구독자를 달성하고 지금도 아낌없이 자신의 노하우를 나누어주고 있는 크리에이터 '금융의정석'이 영상으로는 자세히 전달할 수 없었던 이야기들을 이 책에 담았다.

터틀캠프 지음 | 25,000원
332쪽 | 172×235mm

캔들차트 매매법

초보자를 위한 기계적 분석과 함께 응용까지 배울 수 있도록 자세하게 캔들 중심으로 차트의 원리를 설명한다. 피상적인 차트 분석이 아니라 기계적으로 차트를 발굴해서 실전에서 활용하는 데 초점을 맞춘 가이드북이다. 열심히 공부하고 노력하여 자신만의 매매법을 확립해, 돈을 잃는 투자자에서 수익을 내는 투자자로 거듭날 계기가 될 것이다.